本书是山东社会科学规划研究项目（批准号：19CXSXJ19）结项成果。

儒商

董兰国　云乐鑫

著

Research on Confucian Businessmen's
Practical Ideas since the
Reform and Opening up

改革开放以来
儒商实践
理念研究

社会科学文献出版社
SOCIAL SCIENCES ACADEMIC PRESS (CHINA)

# 序

李　东[*]

儒商一词在中国传统文化语境中一直有其独特意义，它是"儒"与"商"的结合，是传统儒家价值观引领下的商业范式，其诞生的土壤不限于儒家文化，融合了儒家的"仁""义""信""修齐治平"和道家的"法自然""制衡""天人合一"等思想。在汲取、融汇中华优秀传统文化后，中国儒商群体形成了以"仁义""诚信""和合"等为价值追求的儒商实践理念。

---

[*] 李东，教授，现任潍坊学院党委书记，兼任中国高教学会创新创业研究会副理事长、中国高校毕业生就业协会创新创业工作委员会副理事长、全国普通高校毕业生就业创业指导委员会委员、山东省创新创业教学指导委员会主任委员。全国就业典型经验高校、全国创新创业典型经验高校和全国创新创业教育优秀教学成果奖评审专家。主要从事大学教育管理、大学生思想政治教育、大学生就业、大学生创新创业等方面的理论和实践研究。

儒商实践理念并不是一成不变的，从孔子时代的子贡，明清之际的晋商、徽商到改革开放、"一带一路"建设中涌现出来的商人群体，中国商人身上的儒商实践理念随着时代发展不断获得新内涵、新意义。2018 年 9 月，首届儒商大会在济南举行，来自世界各地的商界人士齐聚于此，探寻商业发展的新伦理、新范式。2019 年 12 月 18 日，"儒家文化与新时代儒商精神"学术研讨会在山东省社会主义学院成功举办。2019 年 12 月 23 日，以"新时代新儒商精神"为主题的"2019 湘粤儒商高峰论坛"在湘潭顺利举办。这表明，儒商已经引起学术界重视，并成为学术界热议群体，当代儒商实践理念已进入学术研究视野。

儒商通常被认为是具有仁义、诚信等特点的商人群体，而儒商实践理念，则是儒商所坚持的精神理念。

改革开放以来，儒商实践理念就其外在价值层次来讲，有着由个人到集体、由中华文明到世界文明的价值渐进和价值传播过程。而就其内在价值层次来讲，则有着清晰的总分式价值层次。当代儒商实践理念内部，也有着清晰的价值逻辑和价值规律。具体来说，当代儒商实践理念内容可解构为"仁义""诚信""创新""和合""规矩""担当"等六大理念，其相互影响，互为补充，共同支撑起了当代儒商实践理念的价值系统。

　　对当代儒商实践理念培育路径进行理论研究和实践探索，既要在全体"儒商"中寻找弘扬和培育当代儒商实践理念的方式和途径，还应在企业内部探寻进行当代儒商实践理念培育、将儒商实践理念融入企业文化的基本路径，这也是对当代儒商实践理念进行研究的实践意义所在。

　　本书立足于儒商群体基本特点和具体商业实践，从新思想新理念丰富的内涵研究等角度，创新性、辩证性、实证性地对当代儒商实践理念进行研究，既能够从价值导向的高度总体把握当代儒商实践理念，在微观上解构"仁义""诚信""创新""和合""规矩""担当"的价值内涵和价值逻辑关系，构建当代儒商实践理念和儒商商业伦理、商业范式，也能够用理论研究成果指导儒商实践理念培育实践，为培养以当代儒商实践理念为价值引领的商业人才进行实践探索，提供理论依据和方式借鉴，具有重要的理论意义和实践价值。

　　当代儒商实践理念孕育于改革开放，汲取中国传统文化之精髓，面向的是世界经济发展和人类共同命运这一宏大命题。从经济全球化到"美国优先"，从凯恩斯主义到新自由主义，西方经济学家基于"经济人"假设和二元对立思维，创立了一个又一个商业伦理和商业范式，但仍未改变的是"二八定律"下的少部分国家富裕，大部分国家贫困的现实。当代儒商实践理念瞄准全人类利益，用东方智慧解读世界课题，建构出中国特色的商业伦理和商业范式，必将对这百年未有之大变局的世界产生独有影响，助推"一带一路"建设，将构建人类命运共同体这一宏伟工程推向更深更远之处，而这也是中国古代儒者"为天地立心，为生民立命，为往圣继绝学，为万世开太平"的初心所在。

# 目录

# 绪　论

## 一　当代儒商实践理念研究方兴未艾、立足实践

"儒商"概念起源于儒家思想，"儒商"是"儒"和"商"的结合体，既要具有儒者的道德品质，也要有商人的商业财富和成功事迹，是儒者和商人群体中的翘楚。从春秋战国时期的子贡、范蠡，到晚清的胡雪岩、乔致庸，再到现代的任正非、张瑞敏，从古至今均涌现出无数杰出的"儒商"代表，他们的商业运作方式和商业思维都彰显着"儒商"独有的价值观念。20世纪90年代末，一些学者在《儒商读本》中给"儒商"下了一个描述性的定义："儒商"是具有较高文化素养，又具有较强人文关怀的现代企业家。他们强调儒商应当具有较强的法律意识，具有较高的文化素养，从商而不以获取利润为终极目标，

对民族、国家怀有一种责任感和使命感，以服务于社会为己任，对人民有一份爱心。①

2018 年 9 月 29 日，儒商大会开幕式在济南举行。儒商大会立足当代儒商行为特点和价值追求，以及中国经济深度调整结构、深化转型变革具体实践，对当代儒商实践理念进行了新凝练、新概括，认为当今时代，大儒商道，追求的是"仁义"之道，以人为本，义利兼顾；追求的是"诚信"之道，以诚立身，以信为重；追求的是"创新"之道，因时而变，变中求进；追求的是"和合"之道，以和为贵，竞争合作；追求的是"规矩"之道，正人正己，尊法守法；追求的是"担当"之道，厚植国家情怀，勇担社会责任，即当代儒商实践理念为"仁义、诚信、创新、和合、规矩、担当"。

改革开放以来，中国需要大量以当代儒商实践理念为价值引领的商业人才，以弘扬大儒商道，携手共创未来。本书将从新思想、新理念丰富的内涵研究出发，从改革开放以来的价值导向的高度总体把握当代儒商实践理念，全面梳理当代儒商实践理念形成的历史背景、理论渊源与实践基础，在此基础上对当代儒商实践理念理论渊源和实践

① 胡伟希、柴毅龙卷主编《儒商读本·内圣卷》，云南人民出版社，1999，第 3 页。

基础、内涵及特色、内在价值层次及内在价值逻辑、践行的具体实例、培育群体及培育路径，以及当代儒商实践理念研究的重要意义等方面开展研究，进而在微观上解构当代儒商实践理念价值内涵，探索其商业行为伦理和商业范式。本书研究内容主要有三个方面。

一是从新思想、新理念丰富内涵研究出发，对当代儒商实践理念内涵进行系统研究。十八大以来，国内外形势变化和我国各项事业发展都给我们提出了一个重大时代课题，围绕这个重大时代课题，以习近平同志为核心的党中央，坚持把马克思主义基本原理同中国具体实际相结合、同中华优秀传统文化相结合，坚持毛泽东思想、邓小平理论、"三个代表"重要思想、科学发展观，深刻总结并充分运用党成立以来的历史经验，从新的实际出发，创立了习近平新时代中国特色社会主义思想。习近平新时代中国特色社会主义思想是中华文化和中国精神的时代精华，深植于中华优秀传统文化的丰厚沃土之中，深刻汲取了中华优秀传统文化的丰富哲学思想、人文精神、教化思想、道德理念等，把历史的中国和当代的中国贯通起来，把中国文化与中国精神统一起来，把马克思主义和中华优秀传统文化结合起来，形成了中华民族智慧的最新表达和理论上的最新概括，把中华民族的思想水平提高到了一个新的高度，是中华优秀传统化在新历史条件下创造性转化、创新性发展的光辉典范。① 在习近平新时代中国特色社会主义思想指引和价值引领下，中国社会具有了新的价值导向，赋予了儒商实践理念新内涵、新意义。本书将从研究习近平新时代中国特色社会主义思想入手，解构当代儒商实践理念新内涵，并重点研究以下内容。

当今时代对当代儒商"仁义"理念新内涵的发展提出新要求。当代儒商"仁义"理念价值意蕴源于儒家"仁"等价值观，并顺应时代潮流而发展。孔子曾说过："仁者人也，亲亲为大。"② "仁者爱人"是儒家重要的人生观与价值观，儒家的"仁"是"正心、修身、齐家、治国、平天下"的重要思想基础。因此，儒商的"仁义"不仅是一种人生哲学，更是一种辩证的思维方式，是一种行事准则。在中国社会的商业实践中，对员工仁义既可以增强员工的认同感与归属感，还可以进一步激发和调动员工的积极性，为企业和社会创造更多的价值；对客户仁义则可以在保证诚信的基础上更考虑客户的需求，促进互利共赢；对社会仁义可以切实担当起社会责任。儒商群体秉

---

① 参见金民卿《习近平新时代中国特色社会主义思想是中华文化和中国精神的时代精华》，《中国青年报》2021年11月29日，第5版。

② 李学勤主编《十三经注疏·礼记正义》（整理本），北京大学出版社，1999，第1683页。

承"仁义"理念可以更好地实现"人人为我，我为人人"的目标，扩大自己的商业利益。而随着习近平新时代中国特色社会主义思想的系统提出，"仁义"理念应与时俱进，扩充内涵，而其新内涵正是本书的研究重点。

诚信一直是传统儒商的立身之本。《中庸》指出："诚者，天之道也。诚之者，人之道也。诚者不勉而中，不思而得，从容中道，圣人也。"传统儒商一直以诚立身，以信行商，形成了独具特色的儒商"诚信"理念。同时，社会主义核心价值观中的"诚信"对当代儒商"诚信"理念内涵的发展起到了十分重要的指向作用。社会主义核心价值观中的"爱国、敬业、诚信、友善"是公民基本道德规范，是从个人行为层面对社会主义核心价值观基本理念的凝练。它覆盖社会道德生活的各个领域，是公民必须恪守的基本道德准则，也是评价公民道德行为选择的基本价值标准。社会主义核心价值观中，"诚信"价值观强调的是诚实劳动、信守承诺、诚恳待人，同时注重在社会范围内形成诚信的社会氛围。对于儒商而言，如何使用社会主义核心价值观中的诚信价值观指导当代儒商"诚信"理念，是本书需要面临和解答的问题。

五大发展理念等价值导向促进当代儒商"创新"理念新内涵的发展。传统儒商注重创新，讲求因时而变、变中求进。广大儒商在历史的发展过程中随着时代和社会的进步不断创新，如创新商业模式和商业范式，正是这种创新精神才让儒商群体存在千年之久。改革开放以来，创新不仅是国家的内在驱动力，也是一种精神内在发展的演进，从个体创新、个体受益到人人创新、大众创新，每个群体都可以是创新的发起者，也同样可以是创新的受益者。五大发展理念指的是创新、协调、绿色、开放、共享的发展理念，是管全局、管根本、管长远的导向，具有战略性、纲领性、引领性。创新发展注重的是解决发展动力问题，协调发展注重的是解决发展不平衡问题，绿色发展注重的是解决人与自然不和谐问题，开放发展注重的是解决发展内外联动问题，共享发展注重的是解决社会公平正义问题。五大发展理念中，创新发展是居于首位的发展理念，而共享发展则具有目标性。如何将创新发展理念价值内核融入当代儒商"创新"理念，也是本书需要面对和解答的问题。

"平衡和充分发展"、五大发展理念、社会主义核心价值观等价值导向促进当代儒商"和合"理念新内涵的发展。习近平总书记在党的十九大报告中指出，我国社会主要矛盾已经转化为人民日益增长的美好生活需要和不平衡不充分的发展之间的矛盾。充分发展的含义主要是指进一步发展先进生产力并推动社会全面进步，平衡发展则是在充分发展过程中施展协同之力，两者缺一不可。传统儒商的和合之道，讲求的是以和为贵，竞争合作。孔子曾说过"礼之用，和为贵"①，孟子也曾说过"天时不如地利，地利不如人和"②，"和"在传统儒家思想中是一个非常重要的概念。而在商业竞争日趋激烈的时代，儒家传统的"和"思想与当今"平衡和充分发展"、五大发展理念、社会主义核心价值观等非常契合，如何将"和为贵"等传统儒商理念与主流价值观融合，进而将其融入企业管理和商业运行、推动商业群体互利共赢是一个具有中国特色的商业命题，也是一个具有共同价值的研究课题。

　　"法治"等社会主义核心价值观促进当代儒商"规矩"理念新内涵的发展。社会主义核心价值观中的"法治"是治国理政的基本方式，依法治国是社会主义民主政治的基本要求，它通过法治建设来维护和保障公民的根本利益，是实现自由平等、公平正义的制度保证。规矩之道，正人正己，尊法守法。法律和刑罚是维护社会秩序的保障和基石，是外显的秩序和规则。传统儒商的"道"更近于一种内心的守则和行为上的原则，儒商一切商业行

---

① 转引自乐爱国《历代对〈论语〉"礼之用，和为贵"的解读——以朱熹的诠释为中心》，《东南学术》2020 年第 6 期。

② 转引自张振教《天时不如地利　地利不如人和》，《焦作教育学院学报》1994 年第 1 期。

为的基石，可以催化儒商个体产生道德上的自律。而本书亦将"法治"理念蕴含的秩序与规则，同儒商传统意义上的内心守则和行为原则相结合，并对二者融合的途径和培育的方式进行理论和实践研究。

"民族复兴、人民幸福""人民美好生活"等价值导向促进当代儒商"担当"理念新内涵的发展。《礼记·礼运》篇中曾记载这样一句话："故人不独亲其亲，不独子其子，使老有所终，壮有所用，幼有所长，矜寡孤独废疾者，皆有所养。"这是孔子在他所处的时代对美好生活的希冀，同时孔子的这段话也成为传统儒商的理想。党的十九大报告指出，要"学有所教、劳有所得、病有所医、老有所养、住有所居"，并强调坚持在发展中保障和改善民生，增进民生福祉是发展的根本目的。① "担当"即体现在以人为本的关怀中，不是把人看作资本和资源，而是真正把儒商实践理念融入商业运转和企业经营，坚持以人为本，立德树人，建立以人为本的激励机制，最大限度地激发人的潜能，并实现应有的价值，同时回报社会、融入社会，承担企业社会责任。其中，当代儒商"担当"理念的内涵及实践是本书的研究重点。

二是对当代儒商实践理念中"仁义""诚信""创新"

① 《党的十九大报告辅导读本》，人民出版社，2017，第23页。

"和合""规矩""担当"六大理念之间的价值逻辑关系进行系统研究。从价值维度来看,当代儒商实践理念中,"仁义""诚信""创新""和合""规矩""担当"六大理念的价值逻辑关系可分为核心价值、基本价值和目标价值(根本价值)三个维度。其中,核心价值是当代儒商实践理念的逻辑内核,决定了当代儒商实践理念是马克思主义性质的,也决定了当代儒商实践理念的基本价值和目标价值,根本价值则是儒商实践理念的逻辑终点,具有目标性。

从价值结构观察"仁义""诚信""创新""和合""规矩""担当"六大理念,界定当代儒商实践理念的核心价值、基本价值和目标价值,并对六大理念之间的逻辑关系进行系统研究是本书的研究重点。儒商六大理念相辅相成,相互补充,既有价值理性又有工具理性,既为经济现代化提供了具有中国特色的方案和道路,也继承和传播了传统儒商思想,吸收了传统儒商思想营养。同时,当代儒商实践理念以中国特色社会主义理论为指导,是全新的商业范式和商业伦理,是时代发展的产物,具有鲜明的时代特征。因此,在时代发展的大背景下更易探寻当代儒商实践理念的核心价值,更能彰显当代儒商实践理念的基本价值和目标价值。

基于六大理念之间的逻辑关系,对当代儒商实践理念新内涵进行解构和解读是本书的研究难点。通过企业管理和商业运营的实践和应用，可以进一步理解当代儒商实践理念的内涵。企业想要在更加复杂多变的社会经济环境中站稳脚跟，继续为社会创造财富，担当社会责任，助推世界经济发展，需要继承、学习和弘扬当代儒商实践理念。因此，本书在深入研究六大理念逻辑关系的基础上，解构、解读当代儒商实践理念的内涵，探索将六大理念融入企业经营管理、内化为企业生命力和企业文化的具体路径。

三是对当代儒商实践理念培育路径进行理论研究和实践探索，这是本书的研究重点。当代儒商实践理念培育工作既要着眼全面，也要把握重点。着眼全面，就是在全体儒商中弘扬和培育当代儒商实践理念；把握重点，就是把握重点企业和重点企业家，以及商科大学生群体这个儒商后备人才库，培育其儒商实践理念。此外，还应在企业内部进行当代儒商实践理念培育，将当代儒商实践理念与企业家精神培育和企业文化塑造相融合，这是本书的实践意义。

当代儒商实践理念培育路径研究。立足儒商特点，对在全体儒商中弘扬和培育当代儒商实践理念进行路径选择和实践探索。儒商"仁义""诚信""创新""和合""规矩""担当"六大理念对企业伦理观的建设和企业责任观的树立有重要的意义。只有坚持"以人为本"，将人放在第一位，建立员工的归属感，并在企业的生产经营过程中树立正确的价值导向，注重公平和正义，做到有担当、有作为，履行应有的社会责任，塑造新的企业文化，树立诚信的、正面的企业形象，增强团结意识并提高企业的凝聚力，与人合作时能实现双赢，并能保护生态环境，进一步实现可持续发展，企业的发展以及企业文化的影响力才会持久，当代儒商实践理念的内涵才能进一步丰富和发展，影响力才能进一步提高。

商科大学生当代儒商实践理念培育研究。立足商科大学生的群体特点，发挥数据调研和新媒体的作用，为培养以当代儒商实践理念为价值引领的商业人才进行实践探索和储备。李克强总理 2014 年在夏季达沃斯论坛开幕式上发表致辞①，阐述了"大众创业""万众创新"观念，创新创业对国家发展的重要性不言而喻，"双创"在高校中成为热门词。创新创业不是一个单独的命题，它在推动经济发展的同时，还要展现一定的人文关怀，如何在商科大学生中以更具效能的方式培育创新创业意识，进而培育当代儒商实践理念，增强创新创业人文素养，是本书研究的一个重点。

---

① 《李克强在 2014 夏季达沃斯论坛开幕式发表致辞（全文）》，中国新闻网，2014 年 9 月 10 日，http://www.chinanews.com/gn/2014/09 - 10/6578895.shtml。

当代儒商实践理念研究侧重于从实践角度开展研究，本书通过网络、期刊等渠道收集整理相应资料，在文献中探寻儒商的发展脉络与历史演变过程，梳理儒商实践理念的理论起源和演变路径，对儒商实践理念等相关研究进行整理和概括，为路径研究提供理论基础。本书选择有代表性的儒商群体进行学习调研，进一步了解当代儒商实践理念的精神内核，深化当代儒商实践理念培育，通过更落地、更务实的调查访谈，更深层次地了解当代儒商实践理念在现代商业运营管理体系中的具体运用和价值体现。同时，本书在大学生、营商人员群体中开展实证研究，全方面多角度地衡量与思考当代儒商实践理念培育方式方法，完善当代儒商实践理念内涵，推动当代儒商实践理念落地实践。

## 二　儒商实践理念研究兼具历史脉络和时代特色

改革开放以来，学界对儒商有持续性的研究，其中儒商理论性研究有两个波峰，分别在 2000 年中国加入 WTO 前后，以及 2013 年国家提出"一带一路"倡议至 2018 年。但研究重点大多集中在与儒商实践理念相关的"儒商"文化、"儒商"伦理、"儒商"特点以及"儒商"的某个突出的价值倾向上，对于当代儒商实践理念的系统理论研究较少。2018 年儒商大会召开，并系统总结出"仁义""诚信""创新""和合""规矩""担当"的儒商理念①，关于"儒商"的研究再度迎来高峰，但更多的是基于"儒商"以及"儒商"价值、"儒商"思想应用与企业管理层面的研究，仍欠缺对当代儒商实践理念系统性的总结研究与梳理。本书通过对文献的整理与分析，将当代儒商实践理念的研究现状梳理如下。

（一）儒商实践理念在汲取中华优秀文化过程中与时俱进，不断丰富内涵

"儒商"一词在中国传统文化语境中一直有其独特的意义，它是"儒"与"商"的结合，是传统儒家思想引领下的商业范式，并在长期发展中融合儒家理念和商业伦理，"儒"元素与"商"元素相辅相成形成了独具中国特色的儒商实践理念和儒商文化。儒商实践理念是一个发展式、内涵式、外延式的概念，并不是一成不变的，从春秋时期的子贡，明清时期的晋商、徽商到中国改革开放、"一带一路"建设，儒商实践理念从单纯的儒家理念与商业伦理的有机融合，渐渐随着时代的发展不断获得新内涵，被赋予

---

① 《刘家义：弘扬大儒商道　携手共创未来——在"儒商大会2018"开幕式上的主旨演讲（2018年9月29日）》，中国共产党新闻网，2018年10月1日，http://cpc. people. com. cn/n1/2018/1001/c64102 - 30324357. html。

新意义。

在儒商实践理念研究及儒商实践理念相关研究中，比较有代表性的观点有以下几类。

其一，儒商实践理念诞生的土壤不限于儒家文化，中国古代优秀传统文化都是儒商实践理念诞生的土壤和发展的理论源泉。儒家思想作为中华文明的传统精神内核，并不止于一种或一派学理的观念，也不止于一种学派或思想潮流，而是以一种多层次的体系呈现，"儒商"中的"儒"不仅仅指儒家，而是以"儒"来指代融合各家文化的中国传统文化。如张桂平等人提出，《易经》中的阴阳相生相克、制衡等思想影响了"儒商"文化，运用在商业层面是"损与益的层次问题"，并将其上升到"博弈"和"制衡"的高度①；马兴波则认为"儒学在长期的历史发展中，吸纳了中国诸多传统优秀的文化，是中国优秀传统文化的代表"②，儒家思想中的"求同存异，和而不同"的共存理念确保了儒家文化的兼容性和包容性，能够承认不同流派、不同文明之间的差异和优势，可以做到取长补

---

① 张桂平、林锋、王作言：《21 世纪儒商文化（连载）——21 世纪儒商文化的价值观》，《商业文化》2018 年第 30 期。

② 马兴波：《当代儒商兴起的背景、建构及价值》，《山东工商学院学报》2019 年第 6 期。

短，并在此基础上做到长久影响和自我更新。

其二，传统儒商实践理念有经世济民、义以生利、诚实守信、以人为本等。如张文皎认为孔子"以义制利""义利相成"的义利观对儒商群体产生了深远的影响，他认为"虽然《论语》可能未及对商人及商业问题做出更深入的观察和思考，但其后儒家学派对作为重要社会现象的商业及商人，一直是高度重视的。一般认为的儒家重义、重礼，不重利，似与商无必然联系，是一种极大的误解。实际上，在其后儒家人物与儒家典籍中，'商'的影子似隐实显，并不鲜见"①；当前学术界对儒商的研究颇为重视，典型如刘霞认为："传统儒商的特点是勤劳、节俭、精于算计、积极进取、诚信、家族经营、义以生利、和气生财、以人为本等。"②

其三，儒商实践理念随着时代发展不断获得新内涵。从子贡时的"义利"理念，到明清之际晋商、徽商的"诚信""仁爱"理念，再到当代儒商"以人为本""开拓创新"的理念，儒商实践理念随着时代发展不断获得新内涵。从社会主义核心价值观到习近平新时代中国特色社会

①　张文皎：《贾行而士心——论儒商及其内在逻辑》，《山东工商学院学报》2019 年第 3 期。
②　刘霞：《传统儒商特点质疑》，《湖湘论坛》2002 年第 3 期。

主义思想，儒商总能顺应时代发展的大趋势不断地丰富自身价值观的内涵，不断地从社会发展的潮流中汲取自身成长的养分，当代"儒商"将自身的发展与历史、现在和未来，经济、文化和政治的发展有机结合了起来。马兴波举例说明近代儒商"摒弃了传统儒商中所遵循的森严等级和宗法观念，吸取了近代以来的平等理念，保留了人与人之间的温情脉脉；他们抛开了传统儒商中'乡党'的地域观念，而将视野放在辽阔的中国大地乃至于整个世界纵横捭阖的大格局中"，并认为"当代儒商是社会主义市场经济体制下，商人阶层在经济全球化背景下，继承优秀的民族文化基因，并借鉴西方优秀的管理经验和企业文化，建立未来社会主义市场经济体制下的新的商业伦理和商业秩序的商人群体"。[①]

（二）改革开放以来的新理念、新思想为儒商实践理念提供了价值指引，丰富并重构了儒商实践理念

党的十九大报告提出了中国发展新的历史方位——中国特色社会主义进入了新时代。"新时代"是在习近平新

---

① 马兴波：《当代儒商兴起的背景、建构及价值》，《山东工商学院学报》2019 年第 6 期。

时代中国特色主义思想引领下社会发展的新历史方位，是中华民族实现伟大复兴，从站起来、富起来到强起来的新时代。习近平新时代中国特色社会主义思想为中国社会发展提供了思想指引和价值引领，同样赋予了传统儒商思想新内涵、新意义。然而，当前学界对当代儒商实践理念还未有系统理论研究，与之相近的研究主要集中在三个方向。

其一，从改革开放以来的部分新理念、新思想出发，侧重从商业行为实践的角度对儒商实践理念进行重构性研究。

如何在习近平新时代中国特色社会主义思想、人类命运共同体视域下扩张并重构儒商实践理念是其中有代表性的研究。党的十九大报告明确提出"中国特色社会主义进入了新时代"。新时代是以习近平同志为核心的党中央对党领导的中华民族伟大复兴中国梦的科学判断，是中华民族从站起来、富起来到强起来的历史必然。要想贯彻落实党的十九大精神，就要以习近平新时代中国特色社会主义思想为统领，将儒商实践理念与习近平新时代中国特色社会主义思想有机结合，构建当代儒商实践理念，并将其融入企业管理。苗泽华等人指出，"我国要在世界舞台上崛起，实现中华民族伟大复兴的中国梦，必须以习近平新时代中国特色社会主义思想为统领，全力弘扬中华优秀传统文化，重建伦理秩序，必须坚定不移地把企业做大、做强、做好。在新时代，我国企业管理的灵魂是儒商理念，儒商思想及其智慧将全面融入企业管理中，成为企业生生不息的内在动力，需要将儒家的仁者爱人、义以生利、尚中贵和等思想融合在企业管理与社会经济生活之中，促进我国的企业迈向新时代"①；张桂平等人指出，儒商文化要接受人类命运共同体思想，并在此基础上构筑一套崭新的价值观体系，尤其要强调社会责任意识②；赵乾宇等人则指出，"一带一路"建设呼唤构建以"以义制利、以和为贵、诚实守信"为代表的新儒商伦理③。

其二，对儒商实践理念的内在扩展和探索。在改革开放以来的商业文化环境视域下，应侧重探究儒商实践理念的起源和传统内核，提高其在当今时代的适用性和延展性。李培挺通过对儒商实践理念的历史溯源、存在特质和实践内生等几个维度进行递进式分析，认为"面向未来对'儒商'精神在商业实践中内生应保持谨慎的乐观，因为

---

① 苗泽华、徐翔宇：《将儒商思想融入新时代企业管理中》，《江苏商论》2019 年第 10 期。

② 张桂平、林锋、王作言：《21 世纪儒商文化（连载）》，《商业文化》2018 年第 13 期。

③ 赵乾宇、彭攀：《"一带一路"建设视阈下儒商伦理的建构》，《华北水利水电大学学报》（社会科学版）2018 年第 4 期。

在强国主义主导下的传统儒家的强政治文化资源仍主导儒商精神的塑造与重构，其既可以导向积极的‘儒商’精神，也可以因为传统儒家文化中的消极内容使‘儒商’精神在面向未来中导向一种颓废的商业意识形态。‘儒商’精神面向未来实践需要重构，面向儒家原生资源挖掘其创造性、生生不息、有情有义的精气神，这可以优化并更新‘儒商’精神内涵，为新时代全球化中的工商业文明的塑造提供更多的希冀"①；赵程亮则指出现代儒商理念是在吸取中国传统儒商实践理念的基础上，融合社会主义市场经济本质要求，发展形成的企业管理新理念，其本质是以人为本的管理观、义利共生的义利观、无信不立的诚信观、以和为贵的和谐之道，并认为"‘以人为本’有助于完善企业责任伦理和人际伦理建设，‘义利共生’有助于提升企业职业伦理水平，‘无信不立’有助于规范企业行为和职业伦理制度，‘合作共赢’有助于构建和谐的企业伦理环境"②。

　　其三，对改革开放以来的整体价值理念、价值结构进

① 李培挺：《儒商精神的内生境遇探析：历史溯源、存在特质及其实践内生》，《商业经济与管理》2018 年第 10 期。

② 赵程亮：《现代儒商精神视域下的企业伦理建设路径探讨》，《商场现代化》2020 年第 14 期。

行研究，这类研究将为儒商实践理念研究提供价值指引。

习近平新时代中国特色社会主义思想价值结构体系研究是其中的代表性研究。如刘进田指出，习近平新时代中国特色社会主义思想价值结构体系以"民族复兴、人民幸福"为逻辑起点，以"人民美好生活"为逻辑核心，以平衡和充分发展为价值实现基础，以"富强、民主、文明、和谐、美丽"为价值总体布局，以"创新、协调、绿色、开放、共享"五大发展理念以及社会主义核心价值观等为价值支撑，既是马克思主义中国化的最新成果，也具有鲜明的民族特征，是中国精神、中国价值、中国力量。①

综上所述，儒商实践理念在汲取中华优秀文化的过程中与时俱进，不断丰富内涵。改革开放以来，新理念、新思想为儒商实践理念提供了价值指引，重构了儒商实践理念。本书锚定当代儒商实践理念，从新思想、新理念丰富内涵研究出发，从价值导向的高度把握当代儒商实践理念，进而解构"仁义""诚信""创新""和合""规矩""担当"价值内涵和逻辑关系，构建儒商价值导向和儒商商业行为伦理，创新性地对当代儒商实践理念内涵及逻辑

---

① 刘进田主编《新时代马克思主义研究》，陕西人民出版社，2019，第 267 页。

关系进行系统研究，填补了学界理论研究空白，具有较高的学术价值；同时，为培养以当代儒商实践理念为价值引领的商业人才，本书进行了实践性研究，提供了培育方式上的支撑，具有较高的应用价值。改革开放以来，中国需要大量的以当代儒商实践理念为价值引领的商业人才，弘扬大儒商道，携手共创未来。本书理论成果可以指导当代儒商实践理念培育，为培养商业人才进行实践探索。

在西方经济学语境下，少部分国家、人口富裕，大部分国家、人口贫困是难以改变的现实。对当代儒商实践理念进行研究，既有助于探寻当今世界商业发展新伦理、新范式，也能够对西方商业伦理进行中国回应，为培养以当代儒商实践理念为价值引领的商业人才进行实践探索提供理论依据和方式借鉴，具有重要的理论意义和实践价值。

## 三 理论价值

中国发展进入新时期，需要大量的以当代儒商实践理念为价值引领的商业人才，以弘扬大儒商道，进而建立以世界命运共同体为引领的新全球化体系。而完成这项伟大事业的前提，便是对当代儒商实践理念进行理论研究。

### （一）准确界定当代儒商实践理念内涵

本书首先对当代儒商实践理念内涵进行了理论研究，态度鲜明地指出，当代儒商实践理念是儒商所坚持的价值取向，在改革开放背景下由传统儒家思想发展而来，是汲取习近平新时代中国特色社会主义思想和社会主义核心价值观内涵的全新商业范式和商业伦理，是中国智慧的结晶，具有时代特色和世界格局。当代儒商实践理念以人民的需求为导向，在理论上以实现每个人自由而全面的发展为最高准则，在实践中以实现国家富强、民族振兴、人民幸福为现实追求，继而瞄准全人类利益，以构建人类命运共同体为必然诉求。

本书创新性地指出当代儒商实践理念的马克思主义性质，深度解读了当代儒商实践理念及"仁义""诚信""创新""和合""规矩""担当"六大理念内涵，有助于读者理解当代儒商实践理念发展脉络、逻辑架构、内涵性质和作用意义，也为儒商明晰自身爱国者和社会主义劳动者身份、有的放矢地自觉培育当代儒商实践理念奠定了理论基础。

### （二）为学界开展相关研究提供理论借鉴

当代儒商实践理念已进入学术研究视野。

　　本书从改革开放以来的新思想、新理念的丰富内涵研究出发，从价值导向的高度总体上把握当代儒商实践理念，进而在微观上解构"仁义""诚信""创新""和合""规矩""担当"价值内涵和价值逻辑关系，构建了儒商价值体系和儒商商业行为伦理。而在本书研究内容中，当代儒商实践理念内涵研究、内在逻辑结构研究、培育群体和培育路径研究有着鲜明的理论研究特色，用缜密的理论逻辑和翔实的实践案例勾画出当代儒商实践理念理论内核，既明确了与儒商文化、企业家精神等相关研究理论上的差异，也提供了研究内容上的参考性，为学界开展相关研究提供了理论上的借鉴。

（三）构建"中国特色"商业伦理和商业范式

　　从经济全球化到"美国优先"，从凯恩斯主义到新自由主义，西方经济学家基于"经济人"假设和二元对立思维，创立了一个又一个商业伦理和商业范式，但仍未改变的是"二八定律"下的少部分国家富裕，大部分国家贫困的现实。当代儒商实践理念瞄准全人类利益，用东方智慧解读世界课题，建构具有"中国特色"的商业伦理和商业范式，必将对处于百年未有之大变局的世界产生影响，将构建人类命运共同体这一宏伟工程推向更深更远之处。为此，本书从当代儒商实践理念渊源入手，在汲取传统儒商实践理念、习近平新时代中国特色社会主义思想以及社会主义核心价值观的基础上，对当代儒商实践理念进行理论研究，提出了富有东方智慧的儒商商业范式和商业伦理，以期为世界经济伦理和商业经营管理提供理论借鉴。

当代儒商实践理念的逻辑起点是"仁义"，思想渊源是中国传统经济伦理的义利观，要求商人要"见利思义"，进而"义以生利"。这和西方经济伦理学核心"经济人"假设和二元对立思维在根本上不同。在西方经济伦理引领下，多年来世界主要国家从创造价值走向追求利润，长期采用扩张性的货币政策，导致金融业的畸形发展，进而导致财富分配不均、能源枯竭、环境污染、气候变暖等一系列问题。改革开放以来，当代儒商实践理念秉持"仁义""诚信""创新""和合""规矩""担当"价值理念，具有"义利合一"的价值观和财富观，高度关注社会利益和国家利益，将伦理放在利益前面，责任放在权利前面，是实现经济可持续发展和和谐发展的伦理基础。尤其是对"和合""担当"等的持续追求，要求企业更加注重内部管理和谐畅通，更加注重和其他企业的合作而非竞争，更加注重企业发展的"共享"性。要通过当代儒商实践理念所创新的商业伦理和商业范式，以"和合"求共赢，助力全球 L 形的经济发展曲线转向 U 形。

## 四　实践意义

理论研究指导现实实践。本书在对当代儒商实践理念进行理论研究的同时，为培养以当代儒商实践理念为价值引领的商业人才的实践探索和人才储备提供理论支持，有助于探寻当今世界商业发展新伦理、新范式，也能够对"美国优先"商业伦理进行回应，同时为构建人类命运共同体过程中更好发挥中国企业家作用提供实践支撑。正是从这一目标出发，本书对当代儒商实践理念培育路径进行了理论研究和实践探索，既要寻找在全体儒商中弘扬和培育当代儒商实践理念的方式和途径，也要把握儒商中的重点企业家以及后备人才，尤其是营商人员以及商科大学生群体，重点在以上群体中弘扬和培育儒商实践理念。此外，本书还对在企业内部进行当代儒商实践理念培育、将当代儒商实践理念融入企业文化的基本路径进行了理论研究，为当代儒商实践理念培育和践行提供了实践基础。

### （一）培养儒商群体

改革开放以来，"利益至上"仍是部分企业家所追捧的人生信条，这也带来了企业家自身发展的困境，儒商实践理念可以培养更多儒商，使企业家获得员工爱戴、社会尊重，帮助企业家在日益激烈的商业竞争中获得长远发展。

　　培养一批高素质、优道德的企业家对中国乃至世界今后的发展至关重要。中国经济的发展犹如一艘平稳前进的巨轮，表面稳健的市场犹如看似平静的海面，而优秀的企业家就如同经验丰富的掌舵者。平静的海面下可能暗流涌动，不知何时便会迎来一阵狂风暴雨，一位仁义的掌舵者可以带领整船的人渡过风暴危机，而道德欠缺的掌舵者可能会保全自己放弃全船。当代儒商实践理念传承中国优秀传统文化，其关于"仁义""诚信""创新""和合""规矩""担当"的追求符合改革开放以来的商业伦理和商业范式，具有时代性和先进性，能够培养有"担当"、集才智与品行于一体的企业家，可以带领企业乃至社会实现长远发展。而营商人员想要在商业竞争中发展自身，实现共赢，也迫切需要一套行之有效且深植于民族气质的理念来进行引导，当代儒商实践理念的出现正当时。商科大学生是中国商业人才的后备军，以当代儒商实践理念为引导加强商业伦理培育，培养出更多具有儒商气质的现代企业家是着眼未来的长远之计，能够助力企业持久发展，同时为世界经济秩序注入更多的道德基因。

## （二）构建儒商企业文化，助力企业发展

企业文化是企业价值取向的体现，是企业软实力的重要组成部分，是衡量企业长久经营的标准之一，一个企业如果拥有积极向上并被员工广泛接受的企业文化，那么企业的经营便成功了一半。以当代儒商实践理念为内核的儒商企业文化传承传统儒商文化，经过了中国经济发展的历史检验，又具备了改革开放以来的活力，其内涵充分迎合当代价值需求，能够帮助企业实现长久经营、持续发展。

企业发展同国家一样，在提高自身硬实力的同时应注重软实力的提升，建立起公司内部独特的企业文化，使其反作用于企业发展。改革开放以来，更多的就业者倾向于员工福利丰厚、待遇好的企业，是否"以人为本"逐渐演变成评判企业的硬性条件，而这一条件正与以当代儒商实践理念为基础构建的儒商企业文化内涵不谋而合。改革开放以来，儒商企业文化内涵不仅是指企业仁义、诚信，基于当今经济全球化的背景来考量，更多是指企业秉承儒家传统美德，具有全球化视野和现代化管理意识，在世界经济背景下既可做到"独善其身"，又可实现"兼济天下"。儒商企业文化内涵基本反映了员工和社会对企业的要求，因此，构建儒商企业文化，既可以使企业在员工中获得较高评价，还可以帮企业在市场中获得较好声誉，从

而获得更强的竞争力，助力企业长久发展。

## （三）推动国家经济社会高质量发展

当代儒商实践理念弘扬"仁义""诚信""创新""和合""规矩""担当"，与当代中国经济的发展需求相得益彰。"伦理道德规范是市场经济中约定俗成、不可缺少的游戏规则，能够在一定程度上降低市场交易成本，解决法律无法解决的难题，对促进市场经济的发展大有裨益，在市场经济中起着无法替代的重要作用。"① 当代儒商实践理念是一种适应现代市场经济的价值取向，有助于重塑市场经济的伦理道德规范体系，使市场经济更加规范化和理性化，也有助于建立一个高效、完善的社会主义市场经济体制，推动经济社会高质量发展。同时，当今世界经济发展已进入"互联网＋"时代，传统的粗放式、资源驱动型增长方式持续向创新驱动型经济发展模式转变，中国经济面临新的机遇和挑战。弘扬儒商"诚信"和"创新"理念，能够提升产品核心竞争力，为社会提供优质的产品服务，为经济的增长和繁荣做出实际贡献。此外，当代儒商实践理念倡导"和合"，希望企业能够弘扬同舟共济、

---

① 刘甲朋：《试论研究儒商及儒商精神的意义》，《山东工商学院学报》2014 年第 1 期。

以众帮众的协作精神，这就要求当代创新创业企业内部建立高度和谐融洽的团队，外部加强合作共赢。这将有助于中国新产业、新企业在广阔的创业平台中将奇思妙想变为现实，打造中国经济新增长点。儒商实践理念追求"仁义"和"担当"，具有关心国计民生的使命感，与社会主义集体价值取向具有一致性。在市场经济活动中，提倡当代儒商实践理念，有助于企业家超越个人经济利益的限制，进而有助于集体主义价值取向在商品活动中的推行与发扬，促进社会经济高质量发展。

（四）当代儒商实践理念推动经济全球化深入发展

经济全球化是当代世界经济的重要特征之一，也是世界经济发展的重要趋势。在不同的时代发展背景之下，经济全球化呈现出不同的特征，它是人类发展进步的一种表现，在资源配置、产品流动、科技进步等方面发挥了重要作用，促进了世界各国的经济发展与繁荣。然而，经济全球化是一把"双刃剑"，机遇与挑战并存，对有些国家来说，经济全球化是一条铺满鲜花的阳光大道，对有些国家来说，却是一条荆棘丛生的险途，这就造成了各国发展不平衡的问题，从而衍生出了不合理的经济秩序、不公平的经济竞争等问题，久而久之，在各种因素的共同作用下，逆全球化思潮逐渐兴起，世界各国合作共赢发展面临新的困境。

当前，世界经济逐步陷入增长乏力困局，国际力量呈现"东升西降"的趋势性变迁，全球化与逆全球化交织博弈。21世纪全球化进程的加快，特别是2008年国际金融危机的爆发，充分暴露了以西方发达国家主导的传统全球化存在深刻的矛盾，即贫富差距加大的矛盾、南北发展转向的矛盾、新旧全球治理规制的矛盾。正当世界面临各种主要矛盾交织时，重大历史性节点事件频发，全球化进入方向性选择的关键时刻。从新型全球化的发展趋势看，中国等国家主张的新型全球化以及新型全球治理模式逐渐被认同。新型全球化秉持共商共建共享的原则，改变全球发展不均衡、不公正、不合理的状态，构建和平、繁荣、开放、绿色、创新、文明、廉洁、安全的世界。为推动全球化走出逆全球化的阴霾，中国立足民族复兴、促进人类进步的主线，提出"推动构建人类命运共同体"的应对方案，以此塑造更加平衡、更加开放、更可持续的新型全球化，在理论维度和实践维度实现对逆全球化思潮的双重超越，全球化或将迎来拐点。

2018年5月4日，习近平总书记在纪念马克思诞辰200周年大会上指出："一体化的世界就在那儿，谁拒绝这个世界，这个世界也会拒绝他。"[1] 中国作为有担当的大国，就推动经济全球化提出了一系列论断和先进理念。习近平总书记基于马克思经济全球化思想和马克思世界历史理论，结合时代发展和中国实际，提出了经济全球化系列论述。"新型经济全球化以马克思主义理论为指导、以科学社会主义为定向，不仅创构了以'一带一路'为标志的经济全球化大平台，而且生成了以'人类命运共同体'为指向的经济全球化新愿景，具有清晰的逻辑思路和深厚的思想意涵。"[2] 新型经济全球化是历史和时代的选择，符合马克思世界历史理论关于经济全球化历史根源的表述，它不仅是对马克思世界历史理论的继承，也是结合时代发展而做出的与时俱进的创新，有助于中国在新形势下不断扩大开放，加强与世界各国的合作，从而有效推动世界经济全球化治理。而与新型经济全球化相辅相成的"一带一路"建设所倡导的当代儒商实践理念将进一步推动经济全球化朝着更加开放、包容、普惠、平衡、共赢的方向发展。

---

[1]　习近平：《在纪念马克思诞辰 200 周年大会上的讲话》，人民出版社，2018，第 22 页。

[2]　曹绿：《新时代新型经济全球化的理论阐释与思想逻辑——习近平经济全球化系列论述研究》，《云南大学学报》（社会科学版）2021年第 1 期。

改革开放以来，当代儒商实践理念倡导"仁义""诚信""创新""和合""规矩""担当"六个维度的价值理念，为新商业范式和商业伦理的构建提供了借鉴。它们所倡导的理念和发展目标是不谋而合的，都致力于打造互利互惠合作共赢的共同体，促进世界经济繁荣和人民幸福。

在当前国际形势及时代背景下，经济全球化美好愿景的实现，需要儒商实践理念的融入和引导，以促使经济全球化朝更加开放、包容、普惠、平衡、共赢的方向发展。在经济全球化时代，国际竞争的本质是"善治"，而不是武力和霸权。"善治首先是把自己国内的事情办好，最重要的是成为充满创新活力国度，从而体现出经济体的生命力、竞争力和创造力。"[①] 儒商"和合"理念第一个层面的内涵是人与己合，即人与自己的"和合"，要学会"克己"，注意维护群体利益，也要注重发挥自身的主观能动性，不断发展壮大自己。"和合"还强调人与人合，各个国家要在承认竞争意义的基础上，更强调合作，以开放精神开展国家间的合作，实现"双赢"。"和合"理念是世界各国参与全球经济建设、构建人类命运共同体的必然要求。

"经济全球化背景下，各国经济彼此依存，利益交融

---

① 金碚：《论经济全球化 3.0 时代——兼论"一带一路"的互通观念》，《中国工业经济》2016 年第 1 期。

前所未有，以诚相待、普惠共享是根本之计。各国要加强
服务贸易发展对接，创新合作方式，深化合作领域，积极
寻求发展利益最大公约数，不断做大'蛋糕'。"① 习近平
总书记在 2020 年中国国际服务贸易交易会全球服务贸易
峰会上的致辞中，强调了经济全球化背景下各个国家以诚
相待、普惠共享的重要性，与儒商实践理念倡导的"仁
义""诚信""和合"理念相一致，守住"诚信"底线，
以"仁义"之心相待，促进共生共"合"，逐步实现普惠
共享。同时，在经济全球化过程中，我们不仅要注重"创
新合作方式"，更要在"创新"理念的引导下，加强管理
模式、生产技术、运营手段等方面的创新，加强针对整个
商业范式和商业伦理的创新，以创新驱动发展，为经济全
球化不断注入新动力和新活力。

　　"新时代新型经济全球化找准了当前全球化问题产生
的最根本原因，就是两极分化严重和全球发展失衡，并有
针对性地提出解决问题的中国方案，即把经济发展与公平
正义二者有机统一起来。"② 发达国家，包括一些发展中

---

① 习近平：《在 2020 年中国国际服务贸易交易会全球服务贸易峰会上
　　的致辞》，《中华人民共和国国务院公报》2020 年第 26 期。
② 曹绿：《新时代新型经济全球化的理论阐释与思想逻辑——习近平
　　经济全球化系列论述研究》，《云南大学学报》（社会科学版）2021
　　年第 1 期。

国家，内部的经济利益分配不公，两极分化日益严重。"据有关统计，现在世界基尼系数已经达到0.7左右，超过了公认的0.6'危险线'，必须引起我们的高度关注。"①我们要正视和妥善处理这一问题，努力让经济全球化更具包容性。要解决这一问题，世界各国都应在推进本国经济发展的同时，坚持和维护公平正义的原则，建立平等、互利的国际经济秩序和公平、公正的国内分配机制。习近平总书记在首届中国国际进口博览会开幕式上的主旨演讲中指出："在经济全球化深入发展的今天，弱肉强食、赢者通吃是一条越走越窄的死胡同，包容普惠、互利共赢才是越走越宽的人间正道。"② 只有把经济发展与公平正义统一起来，才能使经济全球化迸发新的活力，才能推动全球经济走出困境，向着更加健康、可持续的方向不断深入发展。

总之，当今的经济全球化是以合作共赢和公平正义为根本原则的全球化，是彰显担当精神的全球化。改革开放以来的当代儒商实践理念在传统儒商实践理念的基础上，融入了新思想、新理念，符合当前世界发展的主流价值，

———————————

① 《习近平谈治国理政》（第二卷），外文出版社，2017，第473页。

② 习近平：《共建创新包容的开放型世界经济：在首届中国国际进口博览会开幕式上的主旨演讲》，人民出版社，2018，第5页。

能为经济全球化过程中的问题解决提供基本遵循，推动经济全球化朝着更加开放、包容、普惠、平衡、共赢的方向发展。

（五）助力"一带一路"建设，构建人类命运共同体

当代儒商实践理念因其"平天下"的价值追求，激励儒商投入"一带一路"建设和人类命运共同体构建工作。"一带一路"建设过程中，走出去的儒商企业为相关国家的经济发展、基础设施建设、文化建设等方面做出了显著的贡献。如今，国际环境复杂多变，全球政治格局及经济形势也随之发生变化，我国企业生产和经济发展受到重大而深远的影响。在当前形势下，推动"一带一路"建设，必须坚持习近平新时代中国特色社会主义思想，弘扬中华优秀传统文化，重建商业伦理秩序，将儒商实践理念及其智慧融入企业管理和发展中，造就顺应时代发展的企业，而当代儒商实践理念的出现恰逢其时。儒商实践理念倡导"仁义""诚信""创新""和合""规矩""担当"六个维度的价值理念，助力于"一带一路"建设中新商业范式和商业伦理的构建。

当代儒商实践理念形成的

历史背景、理论渊源

与实践基础

第一章

改革开放以来

儒商

实践理念研究

# 一　历史背景

## （一）世情

第三次科技革命以来，全球现代信息技术的迅猛发展加快了人们对地球资源的开发与消耗，在全球经济迅速发展的同时，造成了严重的环境危机和资源耗费，如全球气候变暖、森林植被锐减、水土流失加剧和动植物物种濒危等。面对日益严峻的生存环境，如何实现全球经济和环境的可持续发展成为摆在每个人面前的难题。

与此同时，2008 年美国华尔街最先爆发的金融危机迅速席卷全球金融市场，对世界经济造成了严重冲击，其影响从虚拟经济蔓延至实体经济，从发达国家扩散至发展中国家。人们在反思中逐渐认识到波及世界的金融危机大多源于金融从业者的贪婪无度、政府对金融监管的缺失和世界金融体系的不健全，以及金融领域内商业道德思想的缺失。

## (二) 国情

改革开放以来，我国经济体制改革不断深化，人民的生活水平逐步提高；2001 年我国加入世界贸易组织，更加积极主动地参与国际分工与合作，我国的产业结构不断升级，社会主义市场经济体制日趋完善，这一切都彰显了社会主义制度和社会主义市场经济的优越性。但不容忽视的是，伴随改革开放的深入发展，西方的各种商业价值观念蜂拥而入，我国在长期计划经济体制下存在的商业价值观念受到冲击，新的商业价值观念尚未完全形成。除此之外，市场经济由于自发性和趋利性涌现出了不少不和谐的因素，诸如有些商人为追求商业利润而罔顾伦理道德；有些企业存有侥幸心理，法制观念淡薄、偷税漏税严重；部分商业领域的欺诈之风、极端功利主义和利己主义盛行；等等。长此以往，这些挑战道德底线的失信事件只会造成人们的信任危机和社会的道德困境，这与我国构建社会主义和谐社会中和谐诚信的商业伦理秩序明显不符。

进入 21 世纪，我国积极推进社会主义和谐社会建设，离不开诚信和谐的商业道德秩序的构建和义利并重、和合大同的商业道德氛围的形成，而良好的商业秩序的形成要求我们依据时代条件和实践要求来挖掘中国传统儒商思想的现代精神内涵，重塑现代商人品格，肃清失德违法的商业行为。

在社会主义市场经济体制下违法违规的商业行为固然需要法律的惩戒，但其暴露出的商业伦理道德的缺失却需要从中华传统文化的儒商思想中汲取精华来填补。在新的时代背景下，立足传统儒商思想所倡导的诚信至上、先义后利的商业道德准则，融入体现人与人、人与自然和谐相处的商业生态理念，积极构建儒商实践理念，对促进我国社会主义市场经济运行的规范化和有序化，乃至丰富世界市场运行的商业伦理文化都有重要意义。

以传统儒家思想为基础的当代儒商实践理念为正处于社会经济转型期的中国提供了许多有益的尝试思路。第一，当代儒商实践理念有助于规范和引导商业行为，为经济的秩序化运行提供道德范本，有助于促进社会主义市场经济的健康和谐转型。传统儒家思想以"仁"为核心，"仁"即"仁者爱人"，此种"仁"心体现在商业经济活动中即倡导以义谋利、诚信经商，对调节转型期人与人之间的矛盾、个人与集体之间的矛盾有积极意义。第二，当代儒商实践理念有助于深化改革开放以来的公民道德建设，进一步培育和践行社会主义核心价值观。面对改革开放以来的世界范围内思想文化交流、交融、交锋形势下价值观较量的新态势，面对转型期社会主义市场经济的思想意识多元、多样、多变的新特点，加强对公民讲仁爱、重民本、守诚信、崇正义等价值理念教育，对促进人的全面发展、国家的富强安定和社会的和谐进步均具有重要的现实意义。

2018 年 9 月，首届儒商大会在济南举行，来自世界各地的商界人士齐聚于此，探寻商业经济发展的新伦理、新范式和新思想，大会提出了"仁义""诚信""创新""和合""规矩""担当"① 的当代儒商实践理念。此外，中共中央、国务院印发的《新时代公民道德建设实施纲要》指出，要"坚持在继承传统中创新发展，自觉传承中华传统美德……适应新时代改革开放和社会主义市场经济发展要求，积极推动创造性转化、创新性发展，不断增强道德建设的时代性时效性"，要"深入阐发中华优秀传统文化蕴含的讲仁爱、重民本、守诚信、崇正义、尚和合、求大同等思想理念，深入挖掘自强不

① 《刘家义：弘扬大儒商道　携手共创未来——在"儒商大会 2018"开幕式上的主旨演讲（2018 年 9 月 29 日）》，中国共产党新闻网，2018 年 10 月 1 日，http://cpc.people.com.cn/n1/2018/1001/c64102-30324357.html。

息、敬业乐群、扶正扬善、扶危济困、见义勇为、孝老爱亲等传统美德，并结合新的时代条件和实践要求继承创新"。① 这充分表明，从中国传统文化中汲取精粹，将传统儒家思想中"仁义""诚信""和合""担当"等核心价值传承创新，凝练当代儒商实践理念，既是践行公民道德要求，探寻商业经济发展新伦理、新范式和新思想的实践需要，也是对以"成就取向"和"个人主义"为基调的西方商业伦理进行"归属取向"和"集体主义"式的中国回应，是为实现全球经济和环境的可持续发展提供的一剂良方。

## 二　理论渊源

当代儒商实践理念产生于我国改革开放和社会主义市场经济蓬勃发展的现代化环境中，葆有儒商实践理念的群体是一批有仁爱之心、有道德情操、有文化素养和社会责任担当的新一代商人群体，他们在马克思主义思想的指导下，秉承中华优秀传统文化中的道义情怀，借鉴西方先进的经营管理理念，为我国社会主义经济建设贡献自己的智

---

① 《中共中央国务院印发新时代公民道德建设实施纲要》，《人民日报》，2019 年 10 月 28 日，第 1 版。

慧和力量。当代儒商实践理念的形成以马克思主义哲学为基本依据，包含对中华优秀传统文化精神的吸收，也包含对社会主义核心价值观、公民基本道德规范和诸多企业家精神等的吸纳。

## （一）哲学依据：马克思主义哲学与儒家哲学

### 1. 马克思主义哲学是当代儒商实践理念的哲学内核

马克思主义哲学为当代儒商实践理念的形成提供了重要的哲学依据。众所周知，马克思主义哲学由辩证唯物主义和历史唯物主义两部分组成，它是研究自然界、人类社会和人的思维发展的最一般的规律，是无产阶级的世界观。历史唯物主义中的价值观理论和人民群众是社会历史的创造者理论为当代儒商实践理念的形成奠定了直接的哲学依据，是当代儒商实践理念的哲学内核。马克思主义哲学认为，人的价值既包括个人对社会的责任和贡献，也包括社会对个人的尊重和满足，而对一个人价值的评价主要看他贡献了什么，人生的真正价值在于对社会的责任和贡献。价值观对人生道路的选择有重要的导向作用，因此我们要树立正确的价值观，做出正确的价值判断和价值选择。正是基于这一哲学原理，当代儒商实践理念提出"仁义"和"担当"的价值理念，无论是于个人而言还是于集体而言，都不再把个人利益的获取作为最终的价值导向，而是更看重其所作所为对社会对人民的价值和意义。

此外，马克思主义哲学还认为，人民群众是社会历史的创造者，人民群众是社会实践的主体，人民群众是社会物质财富、精神财富的创造者，是社会变革的决定力量。基于这一哲学原理，中国共产党树立了全心全意为人民服务的宗旨，同时形成了一切向人民群众负责、虚心向人民群众学习的群众观点和一切为了群众、一切依靠群众、从群众中来到群众中去的群众路线。这一以人为本的哲学理念在当代儒商实践理念中被凝练为"仁义""诚信""规矩""担当"等。如在企业的运营管理过程中，对内要关注和维护员工的切身利益，形成以人为本的激励机制，从而最大限度地激发员工潜能；对外要勇于担当社会责任，贡献企业力量。

### 2. 儒家哲学是当代儒商实践理念的哲学基础

儒家哲学即儒家思想里蕴含的哲学思想，是儒家文化的内核。儒家哲学注重"现世"，将成就现实存在的人类理想社会作为原始关怀和最终关切，其进路是社会哲学，既是传统儒商的立身哲学，也为当代儒商实践理念的形成提供了哲学基础。儒家哲学以"敬天法地""天人合一"思想为根基构建世界观，以"修身齐家治国平天下"为脉络构建人生观，以"仁义礼智信"五常为核心构建价值观，主张通过人自身由内而外的"修养"，追求并达到理想的人生境界。

与崇尚竞争的西方思想不同，儒家哲学以"敬天法地""天人合一"为世界观，追求"祥和"，认为天地间存在着一种微妙的平衡。这种平衡是一种对立面的相互制衡与互相转化，只有通过和合的方式才能达到天人合一的境界。在儒家哲学世界观基础上，当代儒商实践理念以马克思主义哲学为内核，主张"克己""双赢""绿色""制衡"，崇尚绿色经济、合作双赢。

儒家哲学以"修身齐家治国平天下"为人生观，以个人的修身为起点，沿着从内在修养到外在事功的发展路线，由"修身"而"齐家"，由"齐家"而"治国"，由"治国"而"平天下"，"平天下"是人生的终极目标，也是人生价值的最大体现。在儒家哲学人生观基础上，当代儒商以马克思主义哲学为内核，厚植家国情怀，做爱国商人，将自身作为"国家富强、民族振兴、人民幸福"伟大中国梦的实践主体，"美好生活"是全体人民的向往，也是当代儒商的社会责任。当代儒商以"平天下"的抱负和"国际视野"，投入人类命运共同体构建事业，在全世界范围内"经世济民"，推动人类共同发展，完成了"修身齐家治国平天下"人生理想。

当代儒商实践理念的"仁义""诚信""创新"最早

由儒家"仁义礼智信"五常发展而来，"仁义"理念根植于传统儒家思想，包含仁爱、德行、简朴、守法、敬业、自强等价值因子。"诚信"则与儒家哲学的修身、立世相关，典型如《中庸》"诚者，天之道也。诚之者，人之道也"。"创新"则讲求商业经营用智慧、重谋略，不断创新经营模式。在儒家哲学"仁义礼智信"价值观基础上，当代儒商实践理念以马克思主义哲学为内核，主张"仁义""诚信""创新"，构成了当代儒商实践理念的哲学基础。

### （二）思想渊源：中华优秀传统文化

#### 1. 传统儒商文化

儒家哲学是儒家文化的核心，在整个儒家文化体系中起着主导作用和制约作用。儒家文化既受到儒家哲学观念的影响和制约，也丰富和发展了儒家哲学诸形态，如儒家文化中的政治文化、艺术文化、教育文化、商业文化等。具体到"儒商"，儒家文化以儒家哲学为内核，深刻影响着中国儒商，进而形成了传统儒商文化。传统儒商文化以精神血脉涵养一代代儒商群体，成为当代儒商实践理念形成的重要理论来源。

（1）仁者爱人　诚信为本

"仁"即"仁者爱人"，是传统儒商文化的核心，对当代儒商而言，"仁"提倡广泛地理解和体贴他人，以此来调整人际关系、稳定企业发展，进而为社会发展提供助力。"仁者爱人"要求人们做到"己欲立而立人，己欲达而达人"①和"己所不欲，勿施于人"，以此为伦理原则的儒商关心体贴员工，视员工为家人，带领员工共同经营致富；也会诚心实意对待顾客，视顾客为衣食父母，视品牌信誉为经商之根本，这为经商事业的发展奠定了长久扎实的基础。"子曰'民无信不立'，孟子云'诚者，天之道也'"②，诚信是安身立命建立事业的根基。

（2）见利思义　义可生利

自古以来，义与利就是经商者时刻需要权衡考量的一对矛盾，所谓"义"实则为道德准则和家国大义；所谓"利"则为经济利益。在儒家传统文化中关于义利之辩的思想非常丰富，孔子常说"君子喻于义，小人喻于利"③；孟子认为，当利与义发生冲突时，君子要"舍生取义"④；子贡擅长货殖经商，"端木遗风"被后世经商者效仿学

---

① 《论语》，程昌明译注，书海出版社，2001，第73页。
② 胡伟希、柴毅龙卷主编《儒商读本·内圣卷》，云南人民出版社，1999，第377页。
③ 《论语》，程昌明译注，书海出版社，2001，第47页。
④ 《孟子》，弘丰译注，中国文联出版社，2016，第103页。

习，他成为民间信奉的财神，被后世商界推崇。清初的颜元说"正论便谋利，明道便计功，是欲速，是助长；全不谋利计功，是空寂，是腐儒"①，明确提出了义利统一的辩证观点。儒家传统文化中的"义"重在内化为自觉的道德原则、道德义务，进而凸显为一种社会责任担当。清朝时期金缨说"小人处事，于利合者为利，于利背者为害。君子处事，于义合者为利，于义背者为害"②，阐述了品德卑劣的人做事，以利益与自己相合者为利，以违背自己利益者为害；品德高尚的人做事，以道义与自己相合者为利，以违背道义者为害。《云南省大理市喜洲杨氏家谱》中记载，清朝乾隆年间杨氏的祖先坚守道义经商，主动经营义仓，甚至每至青黄不接之时不惜亏损自家来填补义仓救济百姓。以杨氏祖先为代表的取义而舍利的儒商事迹在古代史书记载中不遑枚举，体现了中国传统儒家思想对经商者的巨大影响力。

（3）经国济民　经邦济世

所谓商业理想是从商者价值追求的最高层次，也是商人进行商业活动的最高目的所在。自古以来，经商者的最终目的大都是谋取利益的最大化；中国传统儒商却并未把

---

① （清）颜元：《颜元集》，中华书局，1987，第25页。
② 《格言联璧》，马天祥译注，中华书局，2020，第146页。

赚钱谋利当作经商的最高价值追求，而是通过经商谋利实现经国济民、经邦济世的理想追求。传统儒家学派提出的"'修身齐家'与'治国平天下'"相结合的理想①，体现了以天下为己任的人生追求。孔子认为"博施于民而能济众"②，这种儒家传统文化奠定了儒商"经国济民""经邦济世"的商业理想，使儒商并不局限于谋取一己私利，而是胸怀天下、胸怀百姓。

中国最早的济世儒商的代表是春秋末年"孔门十哲"之一的子贡，他被称为"中华儒商始祖"，他"家累千金"助孔子推行儒家学说以恢复"尧舜周公之道"匡扶乱世；同时在经商的过程中取大义舍小利，博施济众，体现出胸怀天下的使命感和责任担当。明代理学家王阳明，在儒学史上与孔子、孟子、朱熹并称为"儒学四宗"，其创立的"阳明学"作为儒学的进一步发展，在明清时期形成了一个影响力极大的思想流派，并对朝鲜、日本等国的近代学术思想产生了极大影响。他在"知行合一""致良知"思想主张的基础上形成了一套经国济民、经邦济世的治世之道，其从政期间一直受到百姓爱戴，这与他体察关注民生，心系百姓疾苦，真心实意竭尽所能地为百姓救

---

① 《礼记》，胡平生、张萌译注，中华书局，2017，第15页。

② 《论语》，程昌明译注，书海出版社，2001，第47页。

济解困是分不开的。他曾说："吾之父子亲矣，而天下有未亲者焉，吾心未尽也；吾之君臣义矣，而天下有未义者焉，吾心未尽也；吾之夫妇别矣，长幼序矣，朋友信矣，而天下有未别、未序、未信者焉，吾心未尽也……故于是有纪纲政事之设焉，有礼乐教化之施焉，凡以裁成辅相、成己成物，而求尽吾心焉耳。心尽而家以齐，国以治，天下以平。"[①] 王阳明这段话传承了孔子的"仁"，将时时处处践行经国济民、经邦济世的人生信条展现得淋漓尽致，真正将修身、齐家之理推衍至治国、平天下。王阳明"知行合一""致良知"的思想主张深刻影响了明清时期的儒商，所以明清儒商中的晋商、徽商、浙商等大多在经营过程中强调"礼"的作用，注重封建伦理、纲纪法度式的企业管理模式，并将其作为"修身齐家"与"治国平天下"相辅相成、既提高自身修养也成就社会事业的不二法门。

## 2. 传统道家文化

春秋末期，道家学者范蠡是著名政治军事家、经济学家，他曾献言献策扶助越王勾践一雪会稽之耻成就春秋霸业，功成名就后急流勇退隐居山林，遨游于七十二峰之

---

① 胡伟希、柴毅龙卷主编《儒商读本·内圣卷》，云南人民出版社，1999，第 611 页。

间，其间他曾三次经商成为巨富、三散家财救济贫困。世人誉之："忠以为国，智以保身；商以致富，成名天下。"[①]他被后代尊称为"商圣"，在陶邑（今山东肥城陶山或山东菏泽定陶）经商从不搞垄断，慷慨地将经商治产的经验传授给齐国国君，帮助他治理国家，发展经济，只用了三年便使齐国国富民旺。司马迁深为范蠡这种经世济民的境界所折服，故称其为"富好行其德"。[②] 范蠡为后世商人树立了榜样。

范蠡不搞垄断的做法符合道家和合思想，为当代儒商实践理念中的"和合"理念奠定了文化基础。和合思想最初见于《老子》一书，《老子》中直接出现"和""合"概念，如"故有无相生，难易相成，长短相形，高下相倾，音声相和，前后相随""天地相合，以降甘露，人莫之令而自均"。[③] 道家和合思想本质上是一种辩证思想，即不追求绝对的一致，而是期望在矛盾两极之间保持一种协调或互补关系。在这种思想的指引下，儒商并不希望自己实行垄断经营，而是注重同行业之间的互相帮助，

---

① 孟修祥：《范蠡经济谋略论》，《荆楚学刊》2015 年第 2 期。
② 徐国利：《中国古代儒商发展历程和传统儒商文化新探》，《齐鲁学刊》2020 年第 2 期。
③ 《老子》，饶尚宽译注，中华书局，2016，第 27、117 页。

强调不牟取暴利，讲究商人之间、商人和顾客之间的协调发展。同时，和合思想也是一种"万物皆一"的整体思想，所谓"道生一，一生二，二生三，三生万物。万物负阴而抱阳，冲气以为和"①，在这种思想的指引下，儒商更加注重商业生态，不搞掠夺式经营，强调企业经营过程中人与自然的和谐相处。

### 3. 其他学派学说

白圭是战国时期纵横家学派的代表之一，也是中国古代儒商形成时期的杰出代表之一，他主张以德经商、以义取利，认为经商之术犹如治国用兵之策，汲取《孙子兵法》中的将帅治兵经验，认为经商者需具备"智"、"勇"、"仁"和"强"等基本的职业素养，其中"仁"是指经商需具备以仁取予的胸襟，秉持欲取之必先予之的经营原则。这一儒商需具备的基本职业素养思想对近代中国民族实业家产生了重要影响，其中有不少实业家代表对此进行了创造性发展，近代著名民族实业家张謇强调经商者需具备"勤勉、节俭、吃苦耐劳的美德"，认为此为"经商成功的不二法门"。②

① 《老子》，饶尚宽译注，中华书局，2016，第 144 页。
② 胡伟希、柴毅龙卷主编《儒商读本·内圣卷》，云南人民出版社，1999，第 252 页。

法家学派代表韩非在《韩非子·外储说右下》中记载："欲利而身，先利而君，欲富而家，先富而国。"① 即经商者若想要追求利益，就应该先从修养身心做起，首先追求到利益的人能够成为统治者；要想实现富裕就应该从治理自己的家庭做起，首先实现富裕的人能够建立起自己的国家。这告诉人们要想实现治国平天下的远大抱负，应该从提高个人修养、治理家庭这些小事做起。只有先做好这些小事，才能为完成大事奠定坚实的基础、创造必要的条件。

先秦儒商所倡导的完物上种、诚信谋利、取予有道的经营伦理思想，既丰富了儒家经济伦理学说，又开创了以道德经商的文化传统，是中国传统经营管理哲学思想中最宝贵的遗产，为创建现代新型儒商经营伦理理论提供了浓厚的民族文化传统养分。先秦各家学派所倡导的经营者应具备"智、勇、仁、强"等基本素质的学说理论，揭示了企业家素质要求的一般特性，为创建现代新型企业家素质理论提供了深厚的民族文化传统养分。

从子贡、白圭到明清之际的晋商、徽商、潮商、浙商，再到荣氏家族，"经世致用"的哲学思想被成功运

---

① 高华平、王齐洲、张三夕译注《韩非子》，中华书局，2016，第257页。

用在经济领域。救世济民、兼济天下，在一代代儒商的努力下，在中国传统思想的影响下，中国形成了源远流长的儒商文化。这些璀璨的儒商文化包含着一代又一代儒商的勤劳和智慧，不仅是中国的财富，更是全人类的财富。

（三）价值支撑：社会主义核心价值观

社会主义核心价值观的基本内涵是富强、民主、文明、和谐、自由、平等、公正、法治、爱国、敬业、诚信、友善。短短24个字分别从国家、社会和公民三个方面体现了我国社会主义现代化建设的目标，也是人们对美好生活的生动表述。企业是社会的重要组成部分之一，因而具有突出的社会性。社会主义核心价值观作为当代中国精神的集中体现，决定了经商者的企业文化理念和自身的价值观念必须与其保持一致，而当代儒商实践理念的形成更是离不开其影响，且必须适应社会的价值理念。

我国的社会主义核心价值观中爱国、诚信、友善、和谐等内容无疑是企业文化理念、当代儒商实践理念形成的重要价值指南和价值源泉。爱国是企业立足和发展的第一位核心价值观，企业文化所体现的民族性以及所彰显的儒商价值理念源于企业家和全体员工的国家意识和民族责任感。首先，儒商的"担当"理念是社会主义核心价值观中"爱国"价值导向的要求，儒商应厚植家国情怀，做爱国商人，在商业活动中维护国家利益；其次，要树立正确的义利观，以义取利，见利思义，勇担社会责任，在企业发展过程中，热心公益事业，用利益回报社会；再次，要怀揣"平天下"的儒商抱负，投入人类命运共同体构建事业，经国济民、经世济民。此外，当代儒商实践理念中"诚信"的价值观被社会主义核心价值观赋予了新的内涵：一是在现代商业行为中，更强调买卖双方都应当遵循契约精神、诚信买卖；二是将范围延伸为整个社会的诚信价值取向而非局限于商业行为；三是对诚信的评定上升为人民是否满意和信任，而非仅仅限于行业内部。

（四）伦理基础：改革开放以来的公民基本道德规范

在国际形势深刻变化、我国经济社会深刻变革的大背景下，由于市场经济规则、政策法规、社会治理制度还不够健全，加之不良思想文化的侵蚀和网络有害信息的影响，道德领域依然存在不少问题。一些地方、一些领域在不同程度上存在道德失范现象，拜金主义、享乐主义、极端个人主义仍然比较突出；一些社会成员道德观念模糊甚至缺失，是非、善恶、美丑不分，部分经商者见利忘义、唯利是图，存在不讲信用、造假欺诈、突破公序良俗底线、妨害人民幸福生活、伤害国家尊严和民族感情的事件。为此中共中央、国务院印发的《新时代公民道德建设实施纲要》中明确提出了"爱国守法、明礼诚信、团结友善、勤俭自强、敬业奉献"①的公民道德基本规范。它不仅体现了道德的先进性与道德的广泛性的统一，还体现了中国传统美德、革命道德与社会主义市场经济条件下产生的新道德的统一。改革开放以来的公民基本道德规范对所有公民提出了基本的行为要求，也对社会主义市场经济体制下的经商企业家提出了明确的要求和规范，对当代儒商实践理念所倡导的仁义、诚信、规矩、担当等理念的形成奠定了良好的基础。

公民基本道德规范中的"爱国守法"强调公民应当培养爱国主义精神，自觉地学法、懂法、用法、守法和护法，这为当代儒商实践理念强调"规矩"的价值理念注入了新的内涵，儒商既要正人正己，也要遵法守法。正人正己即企业家要发挥自身的主体能动性，从自身做起，以身作则，端正品行，在企业内部建立符合时代发展的商业范式；遵法守法就是要尊重市场经济制度，敬畏法律权

---

① 《中共中央国务院印发新时代公民道德建设实施纲要》，《人民日报》2019年10月28日，第1版。

威，绝不触碰法律底线。"明礼诚信"强调公民应当文明礼貌、诚实守信、诚恳待人，这为当代儒商实践理念"诚信"的价值理念的形成奠定了一定的基础，当代儒商实践理念的"诚信"不仅仅强调卖方要诚信经营，也拓展为买卖双方均要遵循共同的契约、信用买卖。"团结友善"强调公民之间应当和睦友好、互相帮助，这在当代儒商实践理念中表现为"仁义"的价值理念，其内涵延伸为企业不仅仅对外仁心经商，对内也要保障员工福利、维护员工权益。"敬业奉献"强调公民应忠于职守、克己奉公、服务社会，其中服务社会的价值追求凸显了儒商重视"担当"的重要性。当代儒商实践理念中"担当"的价值理念突出表现为深厚的爱国主义情怀，具体体现为企业家在经商的同时能够勇担社会责任和时代使命，尤其是我国正处于两个百年奋斗目标的历史交叉点，企业家应在经营发展过程中不忘经国济民，用利益回报社会，为中国梦的实现贡献自己的力量。

## （五）精神源泉：企业家精神

企业家精神是当代企业家在社会主义市场经济活动中体现出来的伦理精神，是依据市场经济法则、价值取向和优秀历史传统共同构建起来的一种企业家主体意识，内涵丰富，是当代儒商实践理念重要的精神源泉。

　　企业家精神要求企业家在经营企业的过程中，在处理涉及利益关系的行为时都应做到义利兼顾，既不能见利忘义，也不能重义废利，应该因义得利，得利而施义。企业在处理与其他经济主体的关系时，应该提倡以义取利，即以合乎道德的方式去获取最大利益，求利是目的，道德是手段和方式。企业精神还强调应该把社会责任、社会利益置于企业利益之上，企业利益应该服从社会和国家整体利益之"义"，为儒商仁义及担当理念的成长提供新营养。

　　在群己关系上，企业家精神强调在任何情况下都不能通过损害企业的利益来追求自己利益的最大化，这也是身为企业家的规矩底线。企业家在处理与企业的整体关系时，应严守市场规则与法律法规，时刻兼顾个人利益与企业利益。在进行具体的企业决策时，应以企业利益为出发点和最高目的，不能过多计较个人私利，必要时甚至要有牺牲个人利益以达成企业利益最大化的勇气。企业家精神特别重视诚信要求，强调当下市场经济是一种社会化的交换经济，是通过一系列的契约和承诺关系连接起来的一个复杂网络系统，诚信正是连接这一网络的纽带。一旦失去诚信，整个市场系统就无法运转。所以，市场经济是一种信用经济，市场主体的诚信程度极大地影响市场的效率，这与儒家"无信不立"的观念不谋而合，同时又赋予其时代元素。企业家精神群己兼顾原则为儒商诚信及规矩理念提供发展沃土。

在现代市场经济条件下，创新即企业家的本质特征，企业家本身就是通过创新对生产要素进行新的组合去实现新的经营目标的人。所以企业家精神格外强调创新意识，不但追求产品创新、技术创新、商业模式创新，也越来越重视组织和制度方面的创新。党的十九大报告明确提出，要"激发和保护企业家精神"①，而创新精神已成为企业家精神中最核心的部分。企业家精神进一步推进了传统儒商实践理念中"创新"理念地位的提升，为儒商创新理念的形成奠定理论基础。

企业家精神在人物协调中崇尚以人为本，注重员工的价值，尊重员工的权利和尊严，维护员工的正当利益，在这个基础上，其强调合理地协调企业经营中人与物的关系，促成人力资源与物质资源的优化配置，促进人与物的和谐。同时，追求合作与和谐作为现代中国企业家的一种伦理精神，除了吸取了中国传统儒家思想的"贵和"理念，也体现了社会主义价值理念和现代市场经济发展的基本要求。然而"贵和"并非否定竞争，而是要克服无序竞争，正确

---

① 习近平：《决胜全面建成小康社会　夺取新时代中国特色社会主义伟大胜利——在中国共产党第十九次全国代表大会上的报告》，人民出版社，2017，第31页。

地处理竞争与合作的关系，实现竞争与合作的相互协调和相互促进，这为丰富儒商和合理念内涵提供理论支撑。

## 三　实践基础

当代儒商实践理念的形成除了上述重要的理论来源，还立足于诸多重要的商业实践，如古代中国商帮的商业实践，近现代中国民族企业家的商业实践，近当代东亚、东南亚国家和地区的商业实践，改革开放以来中国的商业实践等。

### （一）古代中国代表性商帮的商业实践

商帮是由亲缘组织扩展而来，以地缘关系为基础形成的地缘组织，简单来说商帮就是建立在地缘基础上的商人组织，在同一商帮内，人们籍贯相同，具有相同的口音、生活习惯、思维习惯及价值取向，因而形成了浓厚的地域乡土观念。中国古代的茶马古道以及陆上、海上丝绸之路都是在商帮的开辟推动下形成的著名商业通途。明清时期比较活跃的商帮群体有晋商、徽商、潮商、浙商等。晋商的典型代表是乔致庸，他以"人弃我取，薄利广销，维护信誉，不弄虚伪"的儒术指导商业经营，"在中堂"事业突飞猛进，家资千万，接着有大德通、大德恒两大票号活跃于全国各大商埠及水陆码头，他成为"在中堂"殷实家财真正的奠基人。胡雪岩则是徽商代表，其在经商的整个过程中，始终坚持仁爱之心、义利统一，将儒道法佛等多家思想融会贯通，同时以独尊儒学为精神内核，坚持创业立家、经国济民的商业价值观，秉持诚信至上、义利统一的商业道德准则，信誉徕客，以义制利。他将"仁"作为胡庆余堂的标语，开办药堂不仅是为了治病救人，更是为了济世于民，体现出以人为本、仁者爱人的经国济世情怀。潮商是由粤商演变而来的，粤商大部分都来自潮汕，于是慢慢演变为潮商。在清朝，潮商与晋商、徽商并称为中国三大商帮，当时的广州十三行更成为中国唯一的对外贸易窗口，潮商除了具备进取创新、诚信仁义的儒商特点，还极具海洋文化的性格特质，有历史悠久的对外商品贸易活动。浙商则充分借鉴了海洋文化和中原文化的精髓，在形成开放进取的心态和冒险拼搏的热情的同时，也形成了灵活变通、和合并蓄的博大胸怀，从而成为儒商实践理念中独特的一脉。因此，具备传统儒商情怀的浙商能够以开放的心态接收外来文化、发展对外贸易。

## （二）近现代中国民族企业家的商业实践

1840 年鸦片战争，使中国开始沦为半殖民地半封建社会，揭开了中国近代史的篇章，而中国各阶层开始了漫长的救国救民之路，其中有一批以"实业救国"为己任的民族企业家，在面对民族危机之时以家国利益为重、以社会利益为重，发展实业救国救民，彰显了近代中国民族企业家仁义担当、经国济民的儒商实践理念。清末民初著名实业家张謇，在甲午战争后面对中华民族即将被瓜分的危机，从民族大义出发，倡导实业救国，他认为："救国为目前之急……譬之树然，教育犹花，海陆军犹果也，而其根本则在实业。"[①] 实业救国论经其提倡而在民族资产阶级中蔚然成风。张謇认为，培养人才、开办学堂是发展工商业的前提条件，"振兴实业"是为了对抗设在中国的外国资本主义企业。他兴办实业是为了"养民"，为了减少帝国主义经济控制，为了建立独立的国家民族经济。张謇发展实业体现了在当时半殖民地半封建社会的历史背景下民族企业家的爱国爱民的大义情怀。范旭东则在国内首倡 8 小时工作制，1920 年即建单身职工宿舍，职工理发、洗澡免费，食堂的人工、煤、水电由公司供应，伙食费仅按进价收费；职工分配房子，只按人口，不分阶级，由抽签决定；为技术人员提供的永利新村，独门小院，房租便宜，水电每月只收 8 元，煤由厂方免费供应，打个电话事务部当天送货上门，

---

① 张謇：《对于救国储金之感言》，《张謇全集》第 1 卷，江苏古籍出版社，1994，第 154 页。

处处彰显了关心员工的以人为本的儒商实践理念。其一生构建并践行的企业家精神可以总结为著名的四大信条："我们在原则上绝对的相信科学；我们在事业上积极的发展实业；我们在行动上宁愿牺牲个人，顾全团队；我们在精神上以能为社会服务为最大光荣。"① 如今这已经成为中石化南化集团的"南化信条"。

(三) 近当代东亚、东南亚国家和地区的商业实践

当代儒商实践理念扬弃传统儒商实践理念，有鲜明的时代性。具体来说，其"仁义""诚信""创新""和合""规矩""担当"的理念在日本、韩国、新加坡、马来西亚等东亚、东南亚国家的经济社会发展中起到了重要的调节与引导作用。日本的部分百年企业，韩国、新加坡、马来西亚的一些家族企业，都体现了一定的儒家思想。在日本表现为日立公司"事业即人"的公司经营信条、丰田公司"既要造车，也要造人"的公司口号、松下公司"造物之前先要造人"的经营理念；在韩国表现为现代、三星等企业宣扬的"顾客至上、服务社会"的企业品牌文化；在新加坡表现为李光耀、李显龙贯通中西，大力弘扬以人为本的

---

① 李玉：《论范旭东的企业家素质》，《盐业史研究》1996 年第 4 期。

管理思想。这些无不与儒家文化中"仁者爱人"的优秀传统有深刻的渊源，彰显了儒商实践理念的价值。儒学强调的和谐、集体、合作发展理念，是东亚、东南亚企业文化的精神内核。儒学重民本、崇正义、尚和合，将这些积极特性与现代市场商业伦理相结合，对构建东亚、东南亚地区命运共同体、促进世界商业文明发展有重大意义。东亚、东南亚地区深受中国儒家思想影响而形成的儒家经济文化圈，诸如日本、韩国、新加坡等国，无不透过经济腾飞的奇迹折射出地区共同文化圈的重要性。

### （四）改革开放以来中国的商业实践

改革开放以来，伴随我国社会主义市场经济的深度发展，儒学与商业文化的聚合研究越来越受企业家和管理学界的关注。商业实践背后的心理情感因素所透露出的精神文化研究兼具经济理性与道德情感的特性，具有理论开拓空间。从儒学到儒商，是儒学知行合一、经世致用精神的内在发展要求。而改革开放以来的企业家经营实践日益成为当代儒商实践理念的有力诠释，他们以儒家传统文化的"仁爱"为经商之本，心系百姓，同时又敢于做国家改革开放以来的时代弄潮儿，彰显了具有道德情怀、责任担当和创新敢闯特点的儒商实践理念。尤其是在历次抗击灾害的活动中，我国大量企业响应党和国家的号召，克服重重困难，发挥各自的优势，践行社会责任，为抗击灾害提供了坚实的物质基础，彰显了儒商的家国情怀。广大企业家在这类没有硝烟的"战争"中，秉持坚韧不拔的企业家精神，化危为机、勇闯难关，努力破解灾害带来的种种困难，在稳定就业、复工复产中发挥了不可替代的作用，做出了重要贡献。2020年，疫情发生后，许多企业秉持家国情怀和公益慈善精神，快速投入战"疫"行动，迅速组织捐款捐物。据统计，中国500强企业中有357家为疫情捐款，197家为抗击疫情捐赠了医疗防护物资。除了捐款捐物，中国500强企业各尽所长地参与援建医院等防疫工程，86家企业参与了各地"小汤山"建设工程。国家为表彰优秀企业在抗击疫情中体现出的家国情怀、责任担当，做出的卓越贡献，特向优秀企业授予"全国抗击新冠肺炎疫情先进集体""全国先进基层党组织"等荣誉称号。

第二章

当代儒商实践理念
内涵及特色

改革开放以来 **儒商** 实践理念研究

## 一　当代儒商实践理念内涵

改革开放以来，传统文化的现代意义越来越引起学界的思考。而儒家文化和儒商群体也成为商科研究的热门。2019 年 12 月 18 日，"儒家文化与新时代儒商精神"学术研讨会在山东省社会主义学院成功举办。2019 年 12 月 23 日，以"新时代新儒商精神"为主题的"2019 湘粤儒商高峰论坛"在湘潭顺利举办。2018 年儒商大会提出的儒商应以"仁义""诚信""创新""和合""规矩""担当"为理念引领，是对当代儒商实践理念进行的科学、系统的新概括、新凝练。这是儒商所坚持的精神文化，由传统儒家思想发展而来。

### （一）儒商群体范围界定

"儒商"一词，最早出现于清朝康熙年间杜浚所撰的

《汪时甫家传》中，其时在 1671—1687 年。"自嘉靖、万历起，随着工商业的迅速发展和大批读书人弃儒而商，商贾而非士人成为社会的明星，人们对儒而贾行者批评增多，对商贾中之儒者的赞扬开始出现，且日渐流行。儒行的体现者儒商、儒贾越来越被用作褒义词，渐成以褒义为主的词语。这一现象表明，在社会迅速商业化和道德日益沦丧的同时，人们开始呼唤和强调士人，尤其是商贾的道德和商业伦理，以重建以儒家价值观为基础的道德规范、商业伦理和商业精神，促进商业和社会的良性发展。"①据此，周生春等提出："传统儒商是具有以儒家为核心的中华文化底蕴，关爱亲友、孤弱，热心乡里和社会公益之事，能做到儒行与贾业的统一和良性互动，具有厚重文化底蕴的工商业者。"②

关于当代儒商，学界至今没有统一的定义。学者各抒己见，但基本上都是沿着上述传统儒商的特征而进一步发挥，强调其伦理道德属性。而在实践层面，改革开放以来，中国营商人员从父辈口口相传、耳濡目染的"小传

---

① 周生春、杨缨：《历史上的儒商与儒商精神》，《中国经济史研究》2010 年第 4 期。

② 周生春、杨缨：《历史上的儒商与儒商精神》，《中国经济史研究》2010 年第 4 期。

统"中汲取灵感，从而自觉不自觉地运用以儒家思想为代表的中国优秀传统文化，去组织、管理、经营、领导企业，并且获得了成功。我们将这些切实笃行儒家思想的现代商人称为儒商。

关于儒商的准确界定，学界普遍认为其是指继承中华优秀传统文化精髓、弘扬中华优秀传统文化的企业家。关于企业家范围，有学者认为应当以企业达到一定规模为界定标准，也有学者认为应以国有或民营等企业性质作区分。笔者认为，企业家范围应做扩大化界定，其包括所有企业和个体工商经营者，企业的管理人员和商科大学生则是儒商的重要后备群体，同样需要开展儒商实践理念培育工作。习近平总书记曾在 2018 年全国个体劳动者第五次代表大会上致信全体与会代表及全国广大个体私营企业经营者，明确指出："广大个体私营企业经营者要认真学习贯彻党的十九大精神，弘扬企业家精神，发挥企业家作用，坚守实体经济，落实高质量发展，在全面建成小康社会、全面建设社会主义现代化国家新征程中作出新的更大贡献。"① 而在党中央召开的企业家座谈会中，与会代表包

---

① 《习近平致全国个体劳动者第五次代表大会的贺信》，央广网，2018 年 1 月 22 日，https://baijiahao.baidu.com/s?id = 1590282301188637977& wfr = spider&for = pc。

括国有企业、民营企业、港澳台资企业、外资企业以及个体工商户、个体私营企业经营者。这充分表明，以习近平同志为核心的党中央认为国有企业、民营企业、港澳台资企业、外资企业、个体工商户、个体私营企业经营者等所有商业经营者都是企业家。也就是说，所有商业经营者都是儒商的来源。

### （二）当代儒商实践理念的内涵界定

从人的现实生活、感性实践、历史的辩证方法、阶级立场四重视域分析理念，可以揭示出理念的现实性、实践性、过程性和人民性的本质规定。从马克思主义视角审视当代儒商实践理念，可以发现当代儒商实践理念代表当代儒商群体，能够反映其思维水平、价值取向、伦理观念、心理状态、理想祈求、审美情趣等精神成果的总和。

当代儒商实践理念的现实性在于其把现实的人的现实生活作为前提和出发点，关注当代儒商的现实生活存在，并从反向视角解构当代儒商现实的"经济关系""社会关系""政治关系"，进而凝练当代儒商实践理念及其背后的观念体系。

当代儒商实践理念的实践性在于其立足于当代儒商群体的商业实践，是在当代儒商经营实践中总结凝练、从思想和观念的高度指导当代儒商群体开展经商实践的精神理念。

当代儒商实践理念的过程性在于其并非一蹴而就或天然形成，而是由传统儒家思想发展而来，在社会主义核心价值观、习近平新时代中国特色社会主义思想指导下形成的全新的商业范式和商业伦理。同时，当代儒商实践理念内涵将随着时代发展而不断丰富。

当代儒商实践理念的人民性在于其以人民的需求为导向，在理论上以实现每个人自由而全面的发展为最高准则，在实践中以实现国家富强、民族振兴、人民幸福为现实追求，继而瞄准全人类利益，以构建人类命运共同体为必然诉求。

在西方经济学语境下，少部分国家富裕、大部分国家贫困是难以改变的现实。对当代儒商实践理念进行研究，既有助于探寻当今世界商业发展新伦理、新范式，也能够对西方商业伦理进行中国回应，为培养以当代儒商实践理念为价值引领的商业人才提供理论依据和方式借鉴，具有重要的理论意义和实践价值。

## （三）当代儒商实践理念的核心问题

任何理念都有自己的核心问题。正如张岱年先生指出的，哲学的价值观是围绕义利、理欲、德力等关系而展开价值理论的思考的，其中"包含两个重要的理论问题：一是个人与群体的关系问题，二是精神生活与物质生活的关系"。[1] 当代儒商实践理念的核心问题无疑是以人为中心，围绕群体与自我关系的群己问题和精神与物质关系的义利问题展开而论的，在不同历史时期表现的形式不同。

第一，群体与自我的关系问题，表现为群高于己，舍己为群。儒家是最早对群体与个体关系做自我反省的学派之一，儒家群己问题发端于孔子，在个人与群体关系问题上，虽然儒家在魏晋南北朝等时期出现过强调个人利益高于群体利益的价值观念，但总体上儒家主张重群轻己，甚至为了群体利益不惜牺牲个人利益。儒家讨论群体与自我的关系问题主要是围绕自我和社会的关系、自我和他人的关系两方面进行的。

一方面，群体的安定和谐对个体极为重要。社会由个体组成，个体不能脱离社会而单独存在，个体和社会是相互依存的。因此，群体利益是个体利益的总和，离开群体利益毫无个人利益。孔子说："鸟兽不可与同群，吾非斯人之徒与而谁与。"[2] 此句中"斯人之徒"是指社会群体，

① 张岱年著，邓九平编《张岱年哲学文选》，中国广播电视出版社，1999，第481页。

② 《论语》，程昌明译注，书海出版社，2001，第41页。

孔子从人不同于鸟兽来说明"我"作为个人与"斯人之徒"作为群体的关系是群与己的关系，人是合群而生存的。此外，孔子还认为个体的价值要在社会群体中经过社会化，通过"礼"的形式，才能得到认同和实现，如"克己复礼为仁"[①] 是约束自己的行为使其符合"礼"的要求，实现群体的安定和谐。孟子肯定个体内在价值的存在是实现社会群体的利益，认为"人人有贵于己者"[②]。荀子赞同孔子关于群体对个体生存的重要性的观点，认为："人能群，彼不能群也。"[③] "离居不相待则穷，群而无分则争……救患除祸，则莫若明分使群矣。"[④] 荀子认为，人通过合群的方式生存，既能战胜大自然的灾难，又能在群体合作中实现自身的价值。荀子还完善了孔孟注重个人道德价值的观点，认为"君子之学也，以美其身"。[⑤]正如美国学者郝大维所言："正是这个共同体的和谐，界定并在最直接的层面实施了秩序。"[⑥]

---

① 《论语》，程昌明译注，书海出版社，2001，第 96 页。

② 《孟子》，弘丰译注，中国文联出版社，2016，第 54 页。

③ 《荀子》，安小兰译注，中华书局，2016，第 46 页。

④ 《荀子》，安小兰译注，中华书局，2016，第 86 页。

⑤ 《荀子》，安小兰译注，中华书局，2016，第 192 页。

⑥ 转引自顾萍《儒学价值观与社会主义核心价值观建设研究》，硕士学位论文，东南大学，2016。

另一方面，个人的价值只有在社会群体中才能得到认同及实现。在孔子的"修己以安人""修己以安百姓"①中，"修己"是为提高自我修养，"安人"和"安百姓"是为维护社会的安定，孔子有机地把个人与群体联系起来，把个人利益的实现和社会整体的发展进步联系成相互影响的共同体。荀子认为，人只有在后天学习中不断加强道德修养的自我完善，道德品行才能被创造出来。他认为，群的社会组织应"分"，"人何以能群？曰：分"。②社会组织"分"后，人就会各得其宜去实践自己对群体的责任。他还认为"君者，善群也"③，不难看出，荀子认为，对代表群体利益的统治阶级"君"而言，要履行对"民"应尽的义务，也依靠后天修养。

在当代，群体与自我的关系体现为利群精神。利群精神是以马克思主义为导向的集体主义最基本的表现形式，群体优先是集体主义精神的重要思想来源。集体主义精神要求在尊重个人合情、合理、合法利益基础上把集体利益置于首位。坚持集体利益优先于个人利益原则，坚持个人利益服从集体利益，行为上要求全心全意为人民服务，符

---

① 《论语》，程昌明译注，书海出版社，2001，第216页。
② 《荀子》，安小兰译注，中华书局，2016，第48页。
③ 《荀子》，安小兰译注，中华书局，2016，第49页。

合人民群众的根本利益。利群的道德底线是不损人利己，不损公肥私，不损坏他人、社会、集体、国家的利益，对国家表现为爱国主义，对他人要诚信、友善，这对维护祖国的统一和安定有极为重要的作用。

第二，精神与物质的关系问题，表现为"无利不生，莫贵于义"。"义"指道德，体现人之为人的尊严和崇高的精神价值。"利"是利益，广义指物质利益、精神利益、政治利益，本书指狭义的物质利益。在中国古代儒学价值观中，天下之事皆可以义利二字评判。朱熹说："义利之说，乃儒者第一义。"①　义利问题实质是道德与利益的问题。义利问题在不同时代和不同的社会里，内容不尽相同。先义后利的义利观由孔子奠基，后经孟子发展，终被荀子系统化，基本主张是"无利不生，莫贵于义"。②

首先，"利"是人生存和发展最基本的需要。孔子提倡"义"，但他站在百姓的角度肯定"利"是人生存必需的物质保障。他说："富与贵，是人之所欲也。"③　"贫而无怨难，富而无骄易。"④　对孔子而言，道德原则立场是

①　朱傑人、严佐之、刘永翔主编《朱子全书外编》，华东师范大学出版社，2010，第 64 页。

②　《墨子》，方勇译注，中华书局，2015，第 411 页。

③　《论语》，程昌明译注，书海出版社，2001，第 128 页。

④　《论语》，程昌明译注，书海出版社，2001，第 61 页。

要先义后利，否则"不义而富且贵，于我如浮云"。① 可见，孔子对统治者提出"义"的要求，孟子也站在国家利益的高度建议梁惠王："何必曰利？亦有仁义而已矣。"② 孟子认为，统治者求一己私利不利于自身道德的发展，对国家的前途和百姓的生活不利，统治者应为天下寻求大利。孟子非常赞赏尧舜，认为"非其道，则一箪食不可受于人；如其道，则舜受尧之天下，不以为泰"。③ 荀子明确肯定"利"与"义"是人先天就有的，认为"义与利者，人之所两有也，虽尧舜不能去民之欲利"。④ 可见，儒家认为"利"是人存在和发展的合理性需要。

其次，"义"宜于成就君子型理想人格。孔子把"义"与"利"作为区分君子与小人的标准，认为"君子喻于义，小人喻于利""君子之于天下也，无适也，无莫也，义之与比"⑤。孔子非常赞赏颜回，他说："一箪食，一瓢饮，在陋巷，人不堪其忧，回也不改其乐。贤哉，回也？"⑥ 他认为颜回安贫乐道的精神是君子风范。孟子肯定"义"

---

① 《论语》，程昌明译注，书海出版社，2001，第 75 页。

② 《孟子》，弘丰译注，中国文联出版社，2016，第 55 页。

③ 《孟子》，弘丰译注，中国文联出版社，2016，第 143 页。

④ 《荀子》，安小兰译注，中华书局，2016，第 49 页。

⑤ 《论语》，程昌明译注，书海出版社，2001，第 56 页。

⑥ 《论语》，程昌明译注，书海出版社，2001，第 97 页。

对人的精神追求的影响。因为"义，人之正路也"①，但当"义"与"利"发生冲突时，要"去利怀义""养心寡欲"，他说："鱼，我所欲也，熊掌亦我所欲也；二者不可得兼，舍鱼而取熊掌者也。生亦我所欲也，义亦我所欲也。二者不可得兼，舍生而取义者也。"② 荀子继承了孔孟思想，认为崇高的道德境界是人应具有的，他将"仁义德义"作为"常安之术"。③ 他还认为"君子之能以公义胜私欲也"④，这是君子伟大之处。

最后，谋"利"要合"义"。儒家不赞成无限制地追求"利"，其提倡义以制利。孔子说："邦有道，贫且贱焉，耻也，邦无道，富且贵焉，耻也。"⑤ 他反对不义而富，认为："放于利而行，多怨。""富与贵，是人之所欲也，不以其道得之，不处也。"⑥ 他提出"富而可求也，虽执鞭之士，吾亦为之"。⑦ 孟子也反对不顾"义"而一味追逐"利"，他认为对待富贵福禄的态度是"非其义

① 《孟子》，弘丰译注，中国文联出版社，2016，第 239 页。

② 《孟子》，弘丰译注，中国文联出版社，2016，第 98 页。

③ 《荀子》，安小兰译注，中华书局，2016，第 164 页。

④ 《荀子》，安小兰译注，中华书局，2016，第 64 页。

⑤ 《论语》，程昌明译注，书海出版社，2001，第 62 页。

⑥ 《论语》，程昌明译注，书海出版社，2001，第 58 页。

⑦ 《论语》，程昌明译注，书海出版社，2001，第 132 页。

也，非其道也，禄之以天下弗顾也，系马千驷弗视也"。①
荀子认为，义先利后的社会就是盛世，即"义胜利者为治
世，利克义者为乱世"。② 由上可知，先秦儒家孔、孟、
荀对先义后利的表达大致相似，但孔子侧重价值行为本
身，孟子、荀子侧重对"义"的地位的倡导，主要从
"义"是人的本质性规定，是人区别于禽兽的主要特征而
言的。先秦儒家义利统一的观念有助于我们在社会主义市
场经济建设中正确处理义利关系，即既要以义导利，又要
义利兼顾。之后儒家义利观大致经历了以董仲舒为代表的
"重义轻利"的发展阶段、以朱熹为代表的"存天理，灭
人欲"的"义""利"完全对立的扭曲阶段、以颜元为代
表的"义中之利，君子所贵也"的义利统一的复归阶段。

## 二 当代儒商实践理念特色

### （一）当代儒商实践理念具有中国智慧

儒商一词在中国传统文化语境中一直有其独特意义，
它是"儒"与"商"的结合，是传统儒家思想引领下的
商业范式，其诞生的土壤不限于儒家文化，而是融合了儒

---

① 《孟子》，弘丰译注，中国文联出版社，2016，第 76 页。
② 《荀子》，安小兰译注，中华书局，2016，第 231 页。

家的"仁""义""信""修齐治平"和道家的"法自然""制衡""天人合一"等思想。如传统儒商代表晋商，在其商业经营上一方面推崇儒家君子人格，主张"仁中取利真君子，义内求财大丈夫"[1]；另一方面则在内部职位设置上讲求道家制衡，如财东所有权与总经理经营权的制衡。此外，晋商在其起家的皮毛、细盐等物品经营中尊重经济规律和地域区别，体现了道家"法自然"的核心要义。在汲取、融汇中华优秀传统文化后，中国儒商群体形成了以"仁义""诚信""和合"等为核心价值追求的儒商实践理念。

儒商实践理念并不是一成不变的，"近代儒商传统不仅仅是一笔宝贵的历史遗产，而且完全有可能成为时代所需要的新商业道德文化的内核及现代企业精神的重要组成部分"[2]。从孔子时代的子贡、明清之际的晋商、徽商到改革开放、"一带一路"建设中涌现出来的商人群体，中国商人身上的儒商实践理念随着时代发展不断获得新内涵，被时代赋予新意义。从这一意义上讲，当代儒商实践

---

① 葛荣晋：《"现代儒商"论——以"晋商"为中心》，《北京行政学院学报》2009 年第 5 期。

② 马敏：《近代儒商传统及其当代意义——以张謇和经元善为中心的考察》，《华中师范大学学报》（人文社会科学版）2018 年第 3 期。

理念在继承传统儒家思想的核心价值追求基础上，又从习近平新时代中国特色社会主义思想中汲取了新的价值内涵，是中国智慧的结晶。

### （二）当代儒商实践理念具有时代特征

商业伦理研究商业活动中人与人的伦理关系及其规律，研究使商业和商业主体既充满生机又有利于人类全面和谐发展的合理的商业伦理秩序，进而研究商业主体应该遵守的商业行为原则和规范、应当培育的优良商业精神等商业道德问题。商业伦理是一门关于商业与伦理学的交叉学科，是商业与社会关系的基础。随着我国经济的蓬勃发展，在市场经济领域中的商业伦理已成为社会讨论的焦点。

商业伦理的研究对象是经济活动中人与人的伦理关系及其规律，目标是让经济活动既充满生机又有利于人类的全面健康发展，建立合理的商业道德秩序。同时，它还将社会上因经济利益而发生的贿赂、胁迫、欺骗、偷窃、歧视等现象做重点探索，以警示这些行为所造成的终极损害以及产生的一系列的社会负面影响。

作为道德文化的重要组成部分，企业对价值、利益、善与恶等判断的伦理观念，自然而然地渗透到了企业文化建设工作中去。把从中国传统哲学中汲取的思想运用于现代管理，是大多中国企业家所采用的做法。他们自儒、道、释的学说中，提炼适用于自身企业特征的论点，借以发挥：作为中国思想文化的基本元素，儒、道、释的哲学追求总体上是积极和向善的，它们在历朝历代的社会稳定、经济发展和增进民生方面起到了重要的作用。

儒家思想对中国企业经营的影响最为深刻，例如"己所不欲，勿施于人"① 这一名句便感染和启发了许多人。制定商业计划，要遵循人之所需，尊重市场所需，自己都不能信赖的产品，何以销售与他人？制定用人制度、对外公关策略，要循人才之需要、社会之需要，自己都不满意的岗位制度，何以让他人称道？经营中的方方面面，皆如此理。除此以外，企业家们还将"精益求精"等一些古训演绎为当代质量观，并提出"质量重于泰山"的理念，随之又依照这个理念制定出质量方面的行为准则，在企业内部推广；再者，企业家还循着传统文化思想的路线，按照"举贤才"的观念，制定出一系列以"尊重人才"为目标的表现形式，即制度、态度、行为准则等。

中国发展进入新时代后，以创新、协调、绿色、开放、共享为代表的新发展理念已经成为社会共识。然而与社会共识不相适应的是，当今世界商业行为仍然处在"旧

---

① 《论语》，程昌明译注，书海出版社，2001，第 147 页。

时代"。表现为五大典型特征："美国优先"思维模式在世界仍有市场；商业伦理重利轻义，偏于狭隘；商业范式强调结果导向，规矩意识不强；现代企业家因循守旧的传统思维模式仍未彻底破除；企业间片面强调竞争，共享、合作精神难以实践。当代儒商实践理念从社会主义核心价值观、习近平新时代中国特色社会主义思想中汲取了新的精神内涵，以"仁义""诚信""创新""和合""规矩""担当"为理念重构商业范式和商业伦理，破除与新时代发展理念格格不入的"旧时代"商业行为，更加适应"共建共治共享"理念，这是对传统商业范式和商业伦理的创新性发展，具有鲜明的时代特色。事实上，蕴含着中国智慧和时代特色的当代儒商实践理念以其更注重仁义、和合等特点，为中国企业商业拓展起到了实际推动作用。"中国商人在非洲，与非洲当地人打交道的时候，并非单纯地、刻板地遵循或仅仅运作以利益为中心的契约主义的规则，而是在遵循这种契约规则之中能更体现出中国人特有的儒家文化的特色，体现人情沟通为先的状态，这其实为商业关系提供了一种积极正向的润滑剂。"①

---

① 李培挺：《儒商精神的内生境遇探析：历史溯源、存在特质及其实践内生》，《商业经济与管理》2018 年第 10 期。

## （三）当代儒商实践理念具有世界格局

党的十九大报告提出，"我们呼吁，各国人民同心协力，构建人类命运共同体，建设持久和平、普遍安全、共同繁荣、开放包容、清洁美丽的世界"。[①] 构建人类命运共同体思想，共同繁荣是核心，开放包容是特征，与儒商实践理念中"仁义""和合""担当"等价值追求具有内在的一致性。龙永图认为："儒家精神不仅是属于山东的，更是属于全国的，未来也是属于全世界的。在国际方面，中国履行国际承诺、遵守规则，受到了儒家'人无信不立'的影响，中国市场在与世界市场紧密的联系中，发扬儒家文化的'兼济天下'的精神，实现中国和世界的双赢。"[②] 儒家"兼济天下"理念成为人类命运共同体理念的思想渊源，而"人类命运共同体"理念为人类文明整体进步和持久繁荣发展提供了思想动力，成为引领时代潮流和人类文明进步方向的鲜明旗帜。因此，当代儒商实践

---

① 习近平：《决胜全面建成小康社会　夺取新时代中国特色社会主义伟大胜利——在中国共产党第十九次全国代表大会上的报告》，人民出版社，2017，第 58~59 页。

② 《儒家精神不仅是属于山东的，未来也是属于全世界的》，《济南时报》，2022 年 9 月 28 日，https://baijiahao.baidu.com/s?id = 1745163475516457120&wfr = spider&for = pc。

理念并不仅仅是中国商业行为的新价值伦理，也是构建人类命运共同体过程中需要弘扬的具有共同性和世界格局的商业伦理。实际上，传统儒商实践理念是在东亚地区有着广泛影响力的商业伦理，如日本企业之父涩泽荣一认为，"只有将《论语》中儒家的道德理想与谋利的经营活动相结合，才能实现自己富国富民的理想"。① 而随着"一带一路"建设的持续推进，当代儒商实践理念将为中国企业全球商业拓展起到正向推动作用，同时，必然会在世界范围内得到更多国家、企业的价值认同或价值趋同。

---

① 转引自曾丹、向婉莹《张謇和涩泽荣一的儒商思想比较——基于中日近代资本主义发展观的视角》，《学习与探索》2018 年第 11 期。

当代儒商实践理念内在价值层次及内在价值逻辑

第三章

改革开放以来 **儒商** 实践理念研究

当代儒商实践理念就其外在价值层次来讲，有着由个人
到集体、由华夏文明到世界文明的价值渐进和价值传播过程。
而就其内在价值层次来讲，则有着清晰的总分式价值层次。
其六大理念之间，也有着清晰的价值逻辑和价值规律，彰显
着当代儒商实践理念的理论基础和深厚文化底蕴。

## 一　内在价值层次

"传统儒商与现代新型儒商有着本质的区别，前者在文
化知识、道德观念等方面仍延续着旧的传统，未能跟上时
代和科技的发展。"① 儒商适应改革开放和社会主义市场经
济发展要求，深受习近平新时代中国特色社会主义思想和
社会主义核心价值观影响，其精神理念在传统儒商实践理

---

① 戢斗勇：《儒商文化的时代要求》，《孔子研究》2009 年第 3 期。

念基础上进行了扬弃，有鲜明的时代性。具体来说，当代儒商实践理念内容可解构为"仁义""诚信""创新""和合""规矩""担当"等理念。

## （一）"仁义"理念

"仁义"理念由传统儒商思想发展而来，传统儒商思想认为，商业行为需内求仁心，外行义举。"仁义"是儒家重要的伦理范畴，本意为仁爱与正义，战国时的孟子曾着重提出，汉儒董仲舒继承其说，将"仁义"作为传统道德的最高原则。宋代以后，由于理学家的阐发、推崇，"仁义"成为传统道德的别名。其常与道德并称为"仁义道德"，与"礼""智""信"合称为五常。其中"儒家最核心的价值应该是'仁爱'的'仁'"①，关于"仁"，《论语·雍也》表述为"夫仁者，己欲立而立人，己欲达而达人"②。对于传统儒商而言，"仁"表现为在企业内部管理中行"仁心"，以仁爱之心营造企业文化、规范内部伦理，重视血缘亲情、关爱雇员乃至雇员家庭，强调儒家"以人为本"思想对企业管理的重要性，并将"以人为本"的管理思

---

① 杜维明：《多向度的"仁"：现代儒商的文化认同》，《船山学刊》2017 年第 3 期。

② 《论语》，程昌明译注，书海出版社，2001，第 68 页。

想延伸至企业经营管理中，乐于"施仁政，得民心"，关心、爱护职工，重视职工对企业的评价以及由此而来的忠诚度，讲求伦理上的忠孝礼仪、氛围上的和谐有序。清朝儒商代表王炽，曾一度左右清朝的金融市场，被后世称为"云南金融业鼻祖"。他在经营中始终坚持"修德重义，以德经商"。他在经营过程中待人忠厚诚实，关心工友，对号内福利面面顾及，无微不至，而且不分亲疏贵贱，一视同仁。凡号内任职之人，都发给四季换洗衣物。王炽每天都与工友一起用餐，从不单独吃隔席饭。凡有婚丧嫁娶事，他的馈赠也很优厚。如下属俞献廷病故，王炽亲自主持丧事，送酬劳金6000两，派人扶柩回籍，择地安葬，充分展示了传统儒商经营理念中的"仁心"。"义"则是儒商群体的核心行为规范，强调行为的合理性和正当性，表现为对外经营上行"义举"，讲究自身发展、追求利润均需自我克制，不同商号竞争时亦需遵循行业道义、同气连枝。即在一方面肯定"利"的合理性，认为追求利润是商业行为的必然目的；另一方面，则又强调"以义取利""富而好德"，强调以一种自觉的道德理性来引导、约束、规范商人对商业利益的追求。战国时期洛阳人白圭在经营过程中善于"人弃我取，人取我予"①，谷贱伤农

---

① 《史记》，文天译注，中华书局，2016，第56页。

时收购，求过于供时售出，从不过分抬价、压价，人称其做法为"仁术""义举"。而不顾百姓死活、唯利是图的人，他不会收其为弟子，教其经营之术。"道义优位于功利，道义是公平竞争以公道谋求合理利润，价值理性优位于不择手段求功利的工具理性。"① 从这一意义上讲，传统儒商认为"利"是商品经济的客观要求，"义"则是对商人行为的规范与升华。

传统儒商实践理念的"仁义"侧重于儒家的"修身""齐家"理念，因囿于时代，传统儒商社会地位不高、宗族观念浓厚、国家观念不显，"博施于民而能济众"式的"治国""平天下"被束之高阁。以清末晋商为例，山西平遥"日升昌"号全国各地有 600 多个分号，甚至远达日本、朝鲜、东南亚、俄罗斯。山西太谷被称为中国的华尔街，每年汇兑金额达 100 万两至 3800 万两，实际上是民营的跨国银行。晋商靠"诚信经营""辛勤劳作"发家致富。但因观念比较陈旧，致富后更多将精力用于提升修养，在"修身"的同时大量购买土地，以"齐家"为追求兴建大家族居住的深宅大院，如乔家大院、王家大院等，其规模堪比王宫。进而以惠泽

---

① 曾春海：《儒商与企业伦理》，《湖南大学学报》（社会科学版）2015年第 2 期。

乡邻的理念兴建乡学、修整道路，基本未将目光投向家乡以外。也就是说，传统儒商发展目标局限在了修身齐家、光宗耀祖，至多惠泽乡邻里，没有以"治国平天下"的抱负将目光转向产业经济，转向产业兴国，最终不可避免地走向了衰落。

一个企业家，必须学会仁爱，具备仁德，才能更好地处理企业与顾客、企业与员工、企业与利益相关者之间的关系。具体表现为企业内部管理中以人为本，更加注重挖掘企业全体员工智慧，凝聚企业内部力量，保障企业普通员工权益。外部经营上不仅仅是以追求利益为目标，而是讲求义利兼顾。改革开放以来，我国的企业要立足国内、走向世界、服务人民，就必须正确处理"义"与"利"的关系，将"义以生利"化为企业的价值观。企业多为社会尽义务，多为国家尽责任，多为人民谋幸福，才能树立良好形象，焕发出持续旺盛的生命力。这就要求儒商既要发展企业，创造利润，也要对人民负责，瞄准人民需求、人民利益、人民幸福，创造更大的社会价值。

## （二）"诚信"理念

"诚信"理念最早由儒家"仁义礼智信"五常中的"信"发展而来，到明清时期，诚信已是传统儒商最基本的价值取向。"诚",是儒家为人之道的中心思想,立身处世,当以诚信为本。宋代理学家朱熹认为:"诚者,真实无妄之谓。"① "诚"是一种美德。《名人名言》记载,"诚即天道,天道酬诚"。② 言行须循天道,说真话,做实事,反对虚伪。"信"的意思为诚实。《说文解字》认为"人言为信",程颐认为:"以实之谓信。"③ 可见,"信"不仅要求人们说话诚实可靠,切忌大话、空话、假话,而且要求做事也要诚实可靠。而"信"的基本内涵也是信守诺言、言行一致、诚实不欺。"诚"主要是从天道而言,"信"主要是从人道而言。故《中庸》曰:"诚者,天之道也。诚之者,人之道也。"在杭州的胡庆余堂,如今依然可以看到两块牌匾,一块朝着顾客,上书"真不二价";另一块是胡雪岩亲手所写的"戒欺"二字,面朝店内,藏而不露,是专让自家店员看的。"戒欺"匾云:"凡百贸易均着不得欺字,药业关系性命尤为万不可欺。

---

① (宋)陈淳著,熊国祯、高流水点校《北溪字义》卷上,中华书局,1983,第32页。

② 转引自黄玮《启蒙自我循环:传统文化中的哲学思想在当代社会的启示价值》,《辽宁科技学院学报》2018年第5期。

③ 转引自刘火龙《简论孔子的君子之道及其现代价值》,《青春岁月》2013年第23期。

余存心济世，誓不以劣品弋取厚利……"[1] 诚信不欺，不制售假冒伪劣商品坑害百姓，是对生命的尊重和敬畏。这是胡雪岩的立业之本，也是"江南药王"胡庆余堂百年屹立不倒的"秘诀"。著名的爱国华侨领袖、企业家、教育家、慈善家、社会活动家陈嘉庚，其父晚年实业失败欠下许多债务，他接手衰败的家业后，虽然当时的法律有规定"父债子免还"，但以信誉为重的陈嘉庚即便在个人经济拮据的情况下，依然宣布"立志不计久暂，力能做到者，决代还清以免遗憾也"。陈嘉庚艰苦奋斗了 4 年，终于有些盈利，他便不顾亲友反对，花了许多时间和精力找到债主，连本带利还清了父亲所欠的债务。此后，人们十分相信陈嘉庚的商业道德和信誉，都愿意与他做生意，陈嘉庚也迅速富甲一方。"儒家文化中的许多典籍中都将'诚信'与'修身'、'立世'相关联起来。"[2]

传统儒商实践理念中的"诚信"理念外显于商业行为时，表现为抱诚实、守信用两点。抱诚实即以诚实之心经商，看重诚笃品行，绝不弄虚作假、店大欺客；守

---

① 余闻：《诚信如舟行天下——讲述百年老字号胡庆余堂的故事》，《首都食品与医药》2013 年第 19 期。

② 孟令超：《儒商文化与社会主义核心价值观中的契合内容研究》，《商》2015 年第 32 期。

信用即以忠信之行经商，看重商业信用，绝不出尔反尔、违反合同。其中，传统儒商将"诚"看作立身品行，是其理想中"君子人格"的一部分，"诚"在"诚信"中居于核心地位；而将"信"看作"诚"的自觉践行，"立诚于内，必能取信于人"①，即守信用是抱诚实的表现和应用。

相较于传统儒商的诚信理念，当代儒商实践理念被社会主义核心价值观中的"诚信"赋予了新内涵，党的十八大提出，"倡导富强、民主、文明、和谐，倡导自由、平等、公正、法治，倡导爱国、敬业、诚信、友善，积极培育和践行社会主义核心价值观"。② 社会主义核心价值观是社会主义核心价值体系的内核，体现社会主义核心价值体系的根本性质和基本特征，反映社会主义核心价值体系的丰富内涵和实践要求，是社会主义核心价值体系的高度凝练和集中表达。其中"诚信"价值观是社会主义核心价值观在个人层面的要求，"诚信"即诚实守信，是社会主义道德建设的重点内容，诚信价值观要求人们诚实劳动、信守承诺、诚恳待人。当代儒商实践理念中的"诚

---

① 董恩林：《简论中国传统"儒商"精神的思想内涵》，《社会科学家》2016 年第 11 期。

② 《十八大以来重要文献选编》（上），中央文献出版社，2014，第 578 页。

信"理念是主要有以下三点新发展。一是与传统儒商实践理念将更注重将内心人格的"诚"作为"诚信"理念的核心不同，当代儒商"诚信"理念是在市场经济体制中发展而来的，协调的是现代商业行为，更加注重契约精神，"以信为重"。二是"诚信"理念规范人群外延扩大，着力点不再是商人的个体品行，而是整个社会的诚信品格，既包含买家，也包含卖家，既指个体商业行为，也指整类商业行为，是层次化、体系化的诚信价值取向。三是企业是否诚信的检验标准不再是商人个体的内心评价或者行业内部的公论，而是在客观检验基础之上的人民是否信任和满意，这一点起源于世纪之交诚信评价体系的重构，而在自媒体迅速发展后表现得尤为突出，其典型表现是用户满意度调查融入企业质量管理体系。如 2020 年，中国质量协会在工业和信息化部、国务院国资委等政府部门的支持和指导下持续推进实施用户满意工程活动，活动区域覆盖全国 31 个省、自治区、直辖市，直接参与活动的企业有 4000 余家。其中，超过半数企业能够不定期或定期地开展顾客满意度测评工作、开展顾客体验活动，63.3%的企业能够按照顾客服务质量保证规范和体系开展工作，未专门设置顾客投诉客服窗口和服务热线的企业比例持续降低，建立应对质量纠纷和索赔制度的企业比例持续提升。在此基础上，中国质量协会进一步研讨市场质量信用体系与社会信用体系建设的关系，向全社会发出了"以用户需求为中心，以用户完全满意为标准""共建质量信用体系，优化市场质量信用环境"的承诺与倡议，并通过用户满意质量评价、质量信用等级评价、用户消费维权等系列活动，不断提高产品、工程和服务质量，这也充分彰显了"诚信"评价标准的人民性。

## （三）"创新"理念

"创新"理念最早由儒家"仁义礼智信"五常中的"智"发展而来，传统儒商认为，商业经营需用智慧、重谋略，而创新就是经营智慧的重要组成部分。传统儒商注重在管理模式上进行创新，如传统儒商中的晋商就曾首创"顶身股"，晋商的股份制分为财股和顶身股两类。财股也叫银股（资本股），是财东出资并按一定的单位额分红利的股份，银股的多少决定着投资者在红利中的份额。顶身股又称"顶生意""身股""人身股"，即不出资本而以人力所顶的一定数量的股份，按股额进行分红。凡山西商号中的掌柜、伙计，虽无资本顶银股，却可以自己的劳动力顶股份，而与财东的银股一起参与分红。这实际上是对企业管理分配激励制度的革新，能够有效激发员工工作动力，其理念和方式为现代商业经营提供了借鉴。

客观来讲，传统儒商虽然在经营中重谋略，也在管理模式上采取了许多创新举措，但对商业科技创新和商业范式创新，传统儒商并未十分看重。"传统儒商实践理念经过扬弃和改造可以成为现代儒商实践理念的有机成分，但这还不足以构成完整的现代儒商实践理念。"①改革开放以来的儒商实践理念更看重创新的价值，并赋予创新更丰富的内涵。习近平总书记在党的十八届五中全会第二次全体会议上的讲话鲜明提出的"创新、协调、绿色、开放、共享"的发展理念②，是管全局、管根本、管长远的导向，具有战略性、纲领性、引领性。新发展理念符合我国国情，顺应时代要求，对破解发展难题、增强发展动力、厚植发展优势具有重大指导意义。改革开放以来，儒商"创新"理念讲求因时而变，变中求进，儒商在历史的发展过程中随着时代和社会的进步不断发展，创新商业模式和商业范式，是儒商发展的首要动力。党的十九大报告也明确提出，要"激发和保护企业家精神"③，而企业家精神中最核心的也是创新

---

① 唐凯麟：《传统儒商精神的现代建构》，《求索》2017 年第 1 期。

② 《十八大以来重要文献选编》（下），中央文献出版社，2018，第 74 页。

③ 习近平：《决胜全面建成小康社会　夺取新时代中国特色社会主义伟大胜利——在中国共产党第十九次全国代表大会上的报告》，人民出版社，2017，第 31 页。

精神。习近平总书记在中国科学院第十九次院士大会、中国工程院第十四次院士大会上的讲话指出，"企业是创新的主体，是推动创新创造的生力军"。[①] 改革开放丰富了传统儒商实践理念中"创新"的内涵，在当代儒商实践理念中，创新不仅仅是管理模式的创新，也是生产技术、运营手段的创新，是针对整个商业范式的创新，提升了"创新"的地位；在改革开放以来的儒商实践理念中，创新不仅仅是一种经营智慧，更是企业的生命线，关系企业的生死存亡；在当代儒商实践理念中，创新的目的不仅仅是获得更多的利润，也关乎人民利益、社会责任，儒商通过创新掌握核心科技，满足社会发展、人民需求。TCL创始人李东生认定科技是国家发展的唯一倚靠，致力于用科技创新助力国家发展。李东生毕业后放弃政府部门的工作，主动到TTK家庭电器有限公司工作。他带领团队建成完全依靠自主创新、自主团队、自主建设的高世代面板线，实现我国视像行业显示技术的历史性突破，创下了制造我国第一台按键免提电话、第一代大屏幕彩电等多个第一，在帮助中国成为掌握自主研制高端显示科技国家的同时，有效降低了家用

---

① 习近平：《在中国科学院第十九次院士大会、中国工程院第十四次院士大会上的讲话》，人民出版社，2018，第15页。

电器价格、更好地满足了人民需求。

## （四）"和合"理念

"和合"理念起源于中国传统文化，尤其是道家文化的"制衡""天人合一"等思想，儒家文化亦强调，要"通过修炼自身、改造自身、约束自身而到达与外界和谐相处，从而实现万物生生不息"。[①] 与崇尚竞争的西方博弈思想不同，中国传统文化认为，天地间存在着一种微妙的平衡。这种平衡是一种对立面的相互制衡与互相转化，在这种平衡的态势下，只有以和合的方式，才能达到天人合一的境界。"和合"是一种文化基因，是中华民族先贤在实践中孕育的智慧，"和合"理念影响了人们的处世原则和交往理念。"和合"出自"内之父子兄弟作怨雠，皆有离散之心，不能相和合"，以及"施教导民，上下和合"[②]。"和合"指和睦同心。"和合"是中国传统文化的精神之一，也是一种具有普遍意义的哲学概念，对中国文化的发展具有广泛而久远的影响。它贯之于天人合一的宇宙观、协和万邦的天下观、和而不同的国家观、琴瑟和谐的家庭观、人

---

① 何轩：《儒家传统经济伦理思想的现代检验：关于中庸理性与儒商精神的探索性实证研究》，《上海财经大学学报》2010 年第 3 期。

② 《史记》，文天译注，中华书局，2016，第 156 页。

心和善的道德观，在方方面面影响着中国社会制度的建构及社会治理。

在"和合"理念引导下，传统儒商重视合作与和谐，认为和气才能生财，即使不能合作，也要"买卖不成仁义在"。传统儒商既注重商业行为中的客观规律，又强调商业个体主观能动性的发挥；既强调商业运营整体上的稳健态势，也注重具体商业行为的机变作用；既注意保护个体价值，又注重群体利益。如传统儒商的代表徽商，其商训共有七句，就用三句阐述了对"和合"理念的独到见解。其认为"不以富贵为贵，以和为贵；不以压价为价，以衡为价；不以奇货为货，以需为货"①，进而形成了"以众帮众"的商业行为范式。

社会主义核心价值观中的"和谐""友善"价值观，习近平新时代中国特色社会主义思想中的"创新、协调、绿色、开放、共享"发展理念等新思想丰富了儒商"和合"理念内涵，使"和合"理念成为儒商实践理念的基本价值维度。党的十九大报告指出："我国社会主要矛盾已经转化为人民日益增长的美好生活需要和不平衡不充分

---

① 高国兴、徐娜、何鸿燕：《中国传统文化"和"的思想与现代市场营销》，《边疆经济与文化》2018 年第 1 期。

的发展之间的矛盾。"① 充分发展主要是指进一步发展先进生产力并推动社会全面进步，平衡发展则是在充分发展过程中施展协同之力，两者缺一不可。而平衡发展，要求儒商在发展中更加注重平衡商业实践中的各类社会关系、发展动力、商业资源，从"和合"中凝聚发展最大动力，追求长远发展。社会主义核心价值观中的"和谐"是中国传统文化的基本理念，集中体现了学有所教、劳有所得、病有所医、老有所养、住有所居的生动画面。它是社会主义现代化国家在社会建设领域的价值诉求，是经济社会和谐稳定、持续健康发展的重要保证。这就要求儒商要在经营过程中更加注重处理企业内部和外部矛盾，追求稳定、共赢、普惠发展。这些都发展了儒商"和合"理念的内涵。具体来讲，改革开放以来，儒商"和合"理念主要有以下内涵：一是人与己合，"和合"首先是人与自己的"和合"，儒商既要从"仁"的角度学会"克己"，注意维护群体利益，也要注重发挥自身的主观能动性，不断发展壮大自己；二是人与人合，儒商要在承认竞争意义的基础上，更加强调合作，以开放精神开展企业间合作，

---

① 习近平：《决胜全面建成小康社会　夺取新时代中国特色社会主义伟大胜利——在中国共产党第十九次全国代表大会上的报告》，人民出版社，2017，第 11 页。

实现"双赢";三是人与天合,要在企业发展过程中更加注重保护自然和生态环境,尤其要在行商理念和商业行为中强调"制衡"思想,真正从理念和实践上禁绝贩卖野生动物、破坏生态环境等商业行为,实现"绿色"发展;四是人与天下合,儒商需树立全球观念,积极推进实施"一带一路"倡议,参与全球经济建设,构建人类命运共同体。

应指出的是,改革开放以来,在企业家群体中培育"和合"理念、塑造儒商的呼声越来越高。一方面,这是市场经济以及经济全球化的必然要求,只有更加重视合作、更加重视开放,才能持续推动企业成长和社会经济发展;另一方面,这也是中国发展循环经济的需要。从生产角度看,经济增长的动力来自于资本、劳动、资源(土地)、技术进步和创新,经济高质量发展要求节省资源投入的同时提高资源使用效率,以更先进的理念、更先进的技术提高资源的可持续开发水平和生态环境保护水平,为用户提供更好的产品和服务,满足人们的产品需求和生态需求。这就需要企业家在工业生产的同时以"和合"理念力行资源节约,做好工业"三废"处理,减少有害物质排放的同时回收"三废"中有价值的成分,做到废物利用,实现绿色发展。此外,在企业家群体中培育"和合"理念,塑造儒商也是中国担当国际责任、参与全球经济建设、构建人类命运共同体的必然要求。信息技术高速发展与经济全球化的当今世界，没有哪个人、哪个企业或哪个国家是一座孤岛。人类社会正以前所未有的紧密方式联系在一起，越来越成为"你中有我、我中有你"的命运共同体。而 2020 年初新冠肺炎疫情突袭而至更是充分证明，担当国际责任的企业在"走出去"的过程中能够为企业发展带来新的活力，也能为中国形象增光添彩。过去，很多国家认为中国企业到他们那里就是为了拿当地的能源和资源的，这是对我国企业"走出去"的误解。在这种情况下，儒商更应该以"和合"理念为引领，在企业发展的同时，跟当地的民众形成一种共生、共荣的关系，以此来提升中国对外投资企业的企业形象，在全球化过程当中体现儒商风范和价值追求，有力传递合作精神和"和合"理念，提升人类价值认同，跟所在国家的人民共同发展，构建人类命运共同体。而在疫情防控期间，秉承共商、共享、共建原则，"一带一路"建设依然熠熠生辉，尽管受到疫情以及全球经济低迷等因素影响，但"一带一路"合作逆势前行。由商务部国际贸易经济合作研究院编撰的《中国"一带一路"贸易投资发展报告 2021》（以下简称《报告》）显示："一季度我国企业对'一带一路'相关 52 个国家非金融类直接投资 42 亿美元，同比增长 11.7%，占同期投资总额的 17.3%，较上年提升 2.4 个百分点。"① 菲律宾智库亚洲太平洋协进基金会国际关系研究员卢西奥·皮特洛说："中国是亚洲和世界经济复苏的火车头，中国经济稳步恢复将带来巨大溢出效应。通过帮助地区伙伴创造就业、提供商机等，'一带一路'合作将促进亚洲国家和全球经济复苏。"② 团结合作、逆势增长成为共建"一带一路"的关键词，中国以"一带一路"建设为重要抓手，不断加快建设人类卫生健康共同体，为相关国家战胜疫情、复苏经济提供强大助力。依靠团结合作，中国和共建"一带一路"国家在抗击疫情、保护人民健康方面取得了突出成就；通过团结合作，中国找到了推动经济社会发展的道路，激发了未来发展的潜力。这正是"和合"理念的最好体现。

## （五）"规矩"理念

"规矩"理念起源于儒家"仁义礼智信"五常中的"礼"，出自《礼记·经解》"规矩诚设，不可欺以方圆"。③

---

① 《商务部：一季度我国对"一带一路"相关国家同比增长 11.7%》，《经济日报》（百家号），2020 年 4 月 21 日，https://baijiahao.baidu.com/s?id=1664590361030967458&wfr=spider&for=pc。

② 《共建一带一路 共谋全球发展》，《人民日报》，2021 年 4 月 24 日，第 3 版。

③ 《礼记》，胡平生、张萌译注，中华书局，2017，第 1170 页。

规和矩代表一定的标准、成规。孟子曰"不以规矩，不能成方圆"①，要求当政者实施仁政，落实"法先王"、选贤才政策。传统儒商重视"规矩"，尤其是在许多"老字号"中，企业家自身守礼法，正品行；企业内部以"礼"定规矩，有着制度严明的管理模式；企业发展过程中遵守行规，不取不义之财。如清朝末年著名商人乔致庸践行儒学"道之以德，齐之以礼"②的理念，以礼定规矩，制度严明，赏罚得当。乔致庸定的规矩有：一不准吸毒，二不准虐仆，三不准赌博，四不准冶游，五不准酗酒。这些规矩都有着明显的儒家道德伦理的影子，既杜绝了企业内部腐败的根由，又成为企业持盈保泰的保证。传统儒商的"规矩"侧重于企业内部管理中的伦理规矩，其本质是将儒家伦理思想和封建礼法关系融入到企业管理当中，如近代著名实业家荣德生将"正心修身"视为企业经营的根本，提出："古之圣贤，其言行不外《大学》之'明德'，《中庸》之'明诚'，正心修身，终至国治而天下平。吾辈办事业亦犹是也，必先正心诚意，实事求是，庶几有成。"③ 而

---

① 《孟子》，弘丰译注，中国文联出版社，2016，第 58 页。
② 《论语》，程昌明译注，书海出版社，2001，第 169 页。
③ 转引自汤可可《荣家企业的经营之道》，《档案与建设》2018 年第4 期。

在与政府的关系上，传统儒商则倾向于通过利益交换维持良好关系，甚至出现了官商勾结、"红顶商人"现象。

简言之，传统儒商的"规矩"更加侧重于"家规"，而非"国法"。如传统儒商代表晋商有着"一不用、二不得、三不干、四不许、五不换"的森严规矩，但其规矩大多为"非山西人和三爷不用"（三爷指丈爷、姑爷、舅爷，即不用外亲）、"不准携带家眷"、"不准在工作地点结婚"、"不准在外地置不动产"等"家规"，对于"国法"，传统晋商则态度暧昧，甚至主动寻求拥有特权。正如赵荣达和郭玉兰指出的，历史上，"晋商是以诚信、勤劳、节俭而著称的，应当说这也是晋商前期顺利发展的根本原因，但是，晋商在后来的经营活动中却渐渐地发现了一条谋取暴利、快速发展的捷径——拥有特权。晋商对于特权事实上经历了一个由偶然、无意地享受到自觉、刻意追求的过程"。① 完珉则指出，"执五百年商界牛耳的晋商，与明清的政权难分难解"，"翻检晋商各大家族历史，越到王朝后期，朝纲混乱纲纪废弛，就越可见政商互结、官企不分"。② 而传统儒商的其他代表如徽商、浙商也不

---

① 赵荣达、郭玉兰：《晋商兴衰原因的辩证思考》，《中共山西省委党校学报》2015 年第 1 期。

② 完珉：《法眼观晋商之：政商关系》，《中国商界》2011 年第 4 期。

外如是，晚清时期大规模出现的"红顶商人"的代表盛宣怀，他每创办一个洋务企业，"皆有虚股若干以馈鸿章，故鸿章倚之若左右手"①；又通过天津商人王某穿针引线，结纳权监李莲英，自称为"门下弟子"，以商政勾连的方式获得特许经营，从而攫取巨额利润。这些不良商业习气甚至在当代仍有较大影响，改革开放初期频发的商人行贿便是突出体现。

社会主义核心价值观等价值导向以及改革开放以来倡导的"亲清"政商关系发展了儒商"规矩"理念内涵。社会主义核心价值观中，"平等"指的是公民在法律面前一律平等，其价值取向是不断实现实质平等。它要求尊重和保障人权，人人依法享有平等参与、平等发展的权利。"公正"即社会公平和正义，它以人的解放、人的自由平等权利的获得为前提，是国家、社会的根本价值理念。"法治"是治国理政的基本方式，依法治国是社会主义民主政治的基本要求。它通过法制建设来维护和保障公民的根本利益，是实现自由平等、公平正义的制度保证。具体来讲，儒商要将体现传统儒家"礼"文化的"规矩"融入"法治""平等""公正"血液，既要正人正己，也要遵法守法，将修身齐家式的"家规"上升为治国平天下

---

① 吴钧：《晚清商人的三种境界》，《月读》2013 年第 4 期。

的"法治"。正人正己就是指企业家个体要注重发挥自身的主观能动性，从自身做起，以身作则，端正品行，遵守法纪；在企业内部则要建立符合时代发展的商业范式，变重人治、亲缘的封建礼法为以人为本、注重企业员工职业生涯"平等""公正"发展的现代企业管理制度。遵法守法就是要在与政府关系处理时尊重市场经济制度，营造"亲清"政商关系，在企业运营和商业活动中尊重法律权威，绝不触碰法律底线。改革开放赋予"新儒商"新使命，"新儒商"需将中国传统文化优秀基因与西方先进知识融会贯通，使其具备现代商业经营管理理论、技能和经验，并与现代商业经营管理相适应。

## （六）"担当"理念

"担"字原本写作"儋"，《说文解字》说："儋，何也。从人，詹声。以背曰负，以肩曰儋。"[1] "当"是一个形声字。《说文解字》说："当，田相值也。"[2] 金文中，"当"的下半部分原本是土，后来都变成了田，用来表示

---

[1] （汉）许慎撰，（宋）徐铉校定《说文解字》，中华书局，2013，第214页。

[2] （汉）许慎撰，（宋）徐铉校定《说文解字》，中华书局，2013，第291页。

两块田地相当、相等，这是当的本义。后来，"当"字所指范围扩大至两件事物相当，比如词语"当官"，说的就是某人的行为、素质与"官"的职责要求相当，于是就引申出了"担任"之义。由"担任"又引申出"承担、负担"的义项，"担"重在扛起，"当"重在承担，尤其是承担起与自己身份、责任相当的任务，"担当"一词，既与承担、负荷有关，也与责任、本分有关，这告诉我们要敢于扛起自己的责任。纵观历史，担当作为一种理念，深深根植于中华优秀传统文化的土壤中：既有"士不可以不弘毅，任重而道远"的情怀信念；又有"千磨万击还坚劲，任尔东西南北风"的迎难而上；更有"利于国者爱之，害于国者恶之"的敢于斗争……从保家卫国到见义勇为，从救死扶伤到舍己为人，中国这片土地上从来不缺乏敢于担当者。而支撑这些壮举的，是他们心中那份为国为民的家国情怀，那份割不断、扯不开的责任牵挂。孔子以为"博施于民而能济众"是一种至高无上的境界；孟子主张"穷则独善其身，达则兼善天下"，兼善天下就是兼济天下，自己富起来了，就让天下人与自己一样富起来，这就是儒家的兼济天下的精神。在此基础上，传统儒商以"修齐治平"为人生观、价值观，其最高理想是"把经商谋利与经世济民结合起来，通过世俗的经商谋利来达到超越性的经世济民的理想目的，借财富与金钱来实现自己人生的功名"①。具体到商业活动中，"并不把个人利益作为商业活动的最终目的，他们往往通过经商来实现兴宗耀祖的抱负"②，在个人获得利益的基础上，齐家、治国、平天下才是他们更深层次的人生理想。其表现为传统儒商"谋利重义"，惠泽乡邻，追求利润却不把利润当作根本目的，有着"得之于社会，用之于社会"的义利观。然而，传统儒商"担当"理念偏于狭隘，重于齐家，弱于治国平天下，愿意惠泽乡邻，却怠于维护国家利益。

时代发展对儒商的"担当"有了更高要求。党的十九大报告指出，要"幼有所育、学有所教、劳有所得、病有所医、老有所养、住有所居、弱有所扶"，并强调"坚持在发展中保障和改善民生。增进民生福祉是发展的根本目的"。③"担当"体现在企业发展中，即要在以人为本的关怀中，真正把儒商实践理念融入商业运转和企业经营，坚持立德树人，建立以人为本的激励机制，最大限度地激发人的潜能，并实现应有的价值。同时积极担当社会责任，为"国家富强、民族振兴、人民幸福"伟大中国梦

---

① 刘霞：《传统儒商特点质疑》，《湖湘论坛》2002 年第 3 期。

② 郭茜：《论儒商精神及其当代价值》，《商业现代化》2009 年第 13 期。

③ 习近平：《决胜全面建成小康社会　夺取新时代中国特色社会主义伟大胜利——在中国共产党第十九次全国代表大会上的报告》，人民出版社，2017，第 23 页。

贡献力量，为实现"人民美好生活"贡献力量。在疫情防控时期，以山东寿光蔬菜商人、众多口罩生产商为代表的儒商，将人民利益放在经济利益之前，就是"担当"理念最生动的体现。"中国儒商一方面从维护自己经济利益和个人名声出发，另一方面受儒家思想熏陶，有一种'仁者爱人'、'博施济众'的胸怀，这将有助于我们超越个人狭隘经济利益的限制，促成为国家、民族以至全人类的共同富裕而努力的价值观念的形成。"① 具体来说，改革开放以来，儒商的"担当"是社会主义核心价值观中"爱国"价值导向的要求，儒商应当厚植家国情怀，做爱国商人，在商业活动中维护国家利益；儒商要树立正确的义利观，以义取利，见利思义，勇担社会责任，在企业发展过程中，热心公益事业，用利益回报社会，为中国梦的实现做出自己的贡献；儒商应以"平天下"的抱负，投入人类命运共同体构建事业，在全世界范围内"经世济民"，推动人类共同发展。疫情防控时期，中国企业家秉持人类命运共同体理念，在做好自身防控工作的前提下，发挥各自优势，向多个国家和地区提供援助和支持，为全球抗疫贡献中国儒商力量。如中国科技公司小米向意大利

---

①　郑群、张炎荪：《论儒商的社会价值观》，《苏州大学学报》（哲学社会科学版）2009 年第 6 期。

政府捐赠了数万只口罩，帮助该国解决口罩短缺问题、遏制疫情蔓延。在捐助物资的外包装箱上，小米贴上了中意两国国旗，并用意大利语和英语写上了古罗马哲学家塞涅卡的名言："我们是同一片大海的海浪，同一棵树上的树叶，同一座花园里的花朵。"① 这都展现了儒商们"平天下"的理念、抱负。

## 二 内在价值逻辑

在当代儒商实践理念中，"仁义"理念是核心，是逻辑起点，决定了当代儒商实践理念的性质。"担当"理念是根本，是逻辑终点，具有目标性。"仁义""诚信""创新""和合""规矩""担当"六大理念相互影响，互为补充，共同支撑起了当代儒商实践理念的价值系统。

### （一）逻辑起点："仁义"理念

与"仁"在儒家文化中的地位相同，"仁义"理念既是当代儒商实践理念的基本价值，也是核心价值。"仁义"理念是其他理念的逻辑起点，其他理念均由"仁义"理念

---

① 樵棂：《中国在援助物资上写了什么？网友：堪称"世界诗词大会"》，《东西南北》2020 年第 10 期。

发展而来。因为儒商在内部管理中以人为本，在外部经营中瞄准人民需求、人民利益、人民幸福，所以其以人民是否认可、是否满意为"诚信"的衡量标准；改革开放以来，儒商瞄定核心科技，以国家利益和人民需求为儒商"创新"的动力源泉，彰显了儒商"创新"的人民导向；在追逐商业利益过程中，儒商摒弃了片面追求个体利益的西方经济学思维，以实现群体利益和个体利益的平衡为儒商"和合"的价值追求，在行业发展、环境保护等方面展示了自己的仁心义举；在企业经营过程中，儒商以"以义取利、求仁克己"为儒商"规矩"的必然要求，弘扬法治精神，主动约束商业行为，营造"亲清"政商关系，将内心的"仁义"化作践行的"规矩"；而在个人理想层面，儒商不再将个人利益、个体发展作为奋斗的唯一目标，而是以国家富强、民族振兴、人民幸福为儒商"担当"的最终目的，实现了从"老板"到"企业家"的精神提升。总之，当代儒商实践理念以"仁义"理念为逻辑起点，形成了互为支撑的价值体系、内涵特点及践行范式。

"仁义"理念的价值内核是以人民为中心的发展理念，也就是说儒商的"仁义"从人民的需求而来，目的是实现国家富强、民族振兴、人民幸福。其在理论上以实现每个人自由而全面的发展为最高准则，在现实中则瞄准人民需求、人民利益和集体价值，继而瞄准全人类利益，以构建人类命运共同体为必然诉求，这决定了"仁义"理念的马克思主义性质。也就是说，"仁义"脱胎于中国传统儒家文化中的"仁义"理念，但已经与儒家文化有着本质上的区别，其价值内核由封建式的伦理纲常上升为马克思主义哲学真理。

"仁义"理念作为当代儒商实践理念的价值逻辑内核和核心价值，决定了当代儒商实践理念同样是马克思主义性质的思想文化，符合全人类的利益。需要指出的是，儒商的这种利他性商业行为是符合时代潮流的商业范式，尤其是在信息技术发展为数据处理技术的时代，"两者之间表面看起来似乎是一种技术上的不同，但实际上是思想观念层面的差异，其中最重要的是成功者必须是利他思想"。① 只有让同伴、客户，甚至是对手发展，社会才能进步，企业所获得的数据资源、科技资源、客户资源等才能增长，企业自身才能获得更长远的发展。这和资本主义经济学展示的"西方中心的'我们—他者'二元对立思维、单一静止的本质主义类型化概括、丧失客观性的反经验阐释与表述"② 等"西方特点"有着本质不同。在淘宝

① 黎红雷：《当代儒商的启示》，《孔子研究》2016 年第 2 期。
② 杨奎臣、杨萍、郭西：《从东方学方法论批判反思中国话语体系构建范式》，《新视野》2019 年第 2 期。

击败 eBay 从而守住中国市场的现实商业案例中，淘宝战胜 eBay 的一个重要原因就是淘宝连续几年没有向平台上的商家收取费用，以利他思维让入驻商家获利，为入驻商家创造价值，守住了自己的客户群体。疫情对经济发展有所影响，无数个支撑中国经济毛细血管的中小企业面临资金周转问题，交通银行、民生银行等通过实施减免贷款利息、延长还款期限等一系列纾困措施服务中小企业，在助推复工复产、帮助企业走出困境的同时，自身市值也获得了较大幅度增长。

### （二）逻辑终点："担当"理念

"担当"理念既是当代儒商实践理念的基本价值，也是根本价值。"担当"理念是其他理念的逻辑终点，也就是说，儒商群体行"仁义""诚信""创新""和合""规矩"之道，最终都要落到"担当"理念，落到家国情怀、社会责任。"企业作为社会经济系统中的一个开放子系统，与系统中其他成员之间存在着信息能量交换和千丝万缕的联系。"[1] 因此，儒商应当厚植家国情怀，从人民需求、人民利益、人民幸福出发，通过经营企业产品来满足人民

---

① 李军、张运毅：《基于儒商文化视角构建新时代商业伦理探析》，《东岳论丛》2018 年第 12 期。

需求，在国家、社会需要的时候勇担社会责任，更好地为国家和人民做出经济贡献，做到"仁义"；应在商业经营中讲究"诚信"，在绝不生产假冒伪劣产品、不损害人民利益的前提下，不断提升产品质量，营造诚信商业环境和文化氛围，提升人民生活安全感和幸福感；应掌握核心科技，将"创新"作为企业的生命线，不断促进中国产业迈向全球价值链中高端，培育世界级先进制造业集群，推动中国经济转型；应追求"和合"，既满足个体发展，又顾及群体利益，进而胸怀世界，以企业文化、产业发展和经济合作等为载体，不断推动和谐社会建设、美丽中国建设，构建人类命运共同体；应在企业运营和商业活动中守法律、讲"规矩"，不断推进现代企业制度建设，融入经济全球化体系，同时营造"亲清"政商关系，为打造公平公正营商环境和风清气正政治氛围做出企业贡献。

根本价值是当代儒商实践理念的整体目标所在，儒商追求"仁义""诚信""创新""和合""规矩"是为了有"担当"，是为了在"国家富强、民族振兴、人民幸福"伟大中国梦的实践过程中，实现经世济民、修齐治平的个人梦。其中，既有属于企业家个人发展层次的物质追求，也有企业家服务社会、最大化实现自己人生价值的精神追求。这决定了当代儒商实践理念是广大儒商群体在实现个人梦过程中，将个人梦融入中国梦中所必须树立的价值导向。在疫情防控时期，中国企业家充分展现自己的担当作为，同时，中国企业为共抗疫情，以"创新"为驱动力，基于大数据开发全国健康码平台、在线教育平台等新产品；以"仁义"为价值引领，设立助农基金；中国互联网科技企业以"和合"为方式，不仅在物资方面对海外进行驰援，还为全球用户提供从科普、自测到医疗建议的一站式医疗信息服务。全球政府机构、医疗机构、媒体和疫情服务开发者都能免费获得、快速建立自己的疫情查询服务，全球民众也可以通过网络及时获得疫情信息，共享"战疫"解决方案。其彰显了中国企业家以担当为目标的商业伦理、商业行为和商业范式。

### （三）六大基本价值维度相互影响，互为补充

"仁义""诚信""创新""和合""规矩""担当"是当代儒商实践理念内含的六个价值理念，也是当代儒商实践理念的六大基本价值维度，正如前文所述，在当代儒商实践理念中，"仁义"是逻辑起点，"担当"是逻辑终点，"仁义"界定了当代儒商实践理念的性质，"担当"揭示了当代儒商实践理念的目的与作用，在价值逻辑的中间环节，"诚信""创新""和合""规矩"既是"仁义"的外在表现，又是"担当"的题中之义。同时，在"诚信""创新""和合""规矩"四大基本价值维度中，亦存在相

互影响、互为补充的关系。首先，企业只有讲"诚信"，才能在依法经营中持久创新，才能通过有益竞争实现"和合"。正如中国辣椒酱品牌"老干妈"，其一直以诚信为经营理念，用真材实料赢口碑。在此基础上，"老干妈"进行多层次、多角度深加工和精加工技术研究，推进"老干妈"智慧辣椒工程，加快数字化改造、深化创新；培植有机型、生态型和原产地辣椒精深加工产业，建设辣椒加工企业联盟，建立起涵盖辣椒生产、流通、销售等环节的辣椒大数据库及长效更新机制，实现"和合"。"老干妈"严格遵守法律及市场规则，认真履行与供应商签订的合同，按时付款，按时按量发货，诚实履约，做到"规矩"。其次，"创新"将推动企业商业范式革新，不断推陈出新，丰富"和合"等内涵，如新兴的电商伦理就从流量收益、虚拟交易等方面丰富了"和合"等理念内涵，并拓展了线上交易的"规矩"。再次，"和合"将推动企业内部智慧凝聚，反向促进创新理念的实践，同时推动企业诚信经营，推动诚信理念的实践，如华为、大疆等公司各具特色的企业文化就有助于凝聚企业内部智慧，在形成各具特色的企业经营"规矩"的同时促进企业创新。最后，讲"规矩"是企业一切商业行为和商业伦理的前提，没有规矩就没有诚信，而没有规矩的创新将引发知识产权纠纷，没有规矩的"和合"又将导致企业管理界限模糊、效率低下。在整个当代儒商实践理念的价值逻辑体系中，六大基本价值维度相互影响，互为补充，构成了一个完整的逻辑体系。而在当代儒商实践理念作用下，儒商将继续汲取中国特色社会主义文化，以"形成独特的文化优势，以便在更大的范围内获得成功"①，同时，他们"一半是聚集财富的市场掘金者，另一半是播撒理念的麦田守望者"②，成为在全世界范围内"经世济民"、构建人类命运共同体、推动人类共同发展的商业先锋。

---

① 王兴元、张鹏：《企业家儒商文化特征的一种分析与评价》，《经济管理》2012 年第 9 期。

② 李怡静：《中国传统儒商与现代企业家精神比较研究》，《常州大学学报》（社会科学版）2016 年第 1 期。

第四章

当代儒商实践理念
践行实例及思考

改革开放以来

儒商

实践理念研究

当代儒商实践理念在充分继承和发扬传统儒商实践理念的基础上，有效汲取习近平新时代中国特色社会主义思想，构建起全新的商业范式和商业伦理，充分体现了中华优秀传统文化强大的生命力和与时俱进的无限活力。当代儒商实践理念践行过程中，在"仁义""诚信""创新""和合""规矩""担当"等六个维度均涌现出大量具有代表性的企业家、诸多具有典型意义的商业实践，在中国特色社会主义市场经济建设过程中起到风向标和道德引领作用，为我国经济高质量可持续发展筑牢商业伦理基础。

## 一　"仁义"理念践行实例及思考

对于传统儒商所言，"仁义"理念表现为在企业内部管理中行"仁心"，以仁爱之心营造企业文化、规范内部伦理；对外经营上行"义举"，自身发展、追求利润均需自我克制，强调"以义取利"。而在改革开放以来的儒商实践理念中，商业行为回归"经世济民"本质，仁义在企业内部管理中表现为以人为本，更加注重挖掘企业全体员工智慧，凝聚企业内部力量，保障企业普通员工权益；在外部经营上表现为不是以追求利益为目标，而是讲求义利兼顾，既要发展企业，创造利润，也要对人民负责，瞄准人民需求、人民利益、人民幸福，创造更大的社会价值。

中国路桥工程有限公司作为中国企业"走出去"的重要代表，时刻肩负着国家形象与发展责任，也处处彰显着儒商仁义之理念。中国路桥以怀仁之心，秉持"授人以鱼不如授人以渔"的原则，"在项目建设过程中通过积极推进员工本土化，为当地人创造就业机会和成长平台；同时项目也融入'当地元素'，给当地商业和产业发展创造了机会"。①

孔子曰："夫仁者，己欲立而立人，己欲达而达人。"②

---

① 《在肯尼亚中企践行社会责任 投身社会公益》，新华社，2017 年 5 月 30 日，http://www.xinhuanet.com/world/2017 – 05/30/c_ 1121058480.htm。

② 《论语》，程昌明译注，书海出版社，2001，第 96 页。

很多非洲国家铁路发展极为滞后，亟须帮助，中国企业对非洲的铁路支援既是"仁"的生动体现——中国企业本着一颗"世界大同，施恩不图报"的心积极援助，更是"义"的体现。

孟子曰："爱人者，人恒爱之，敬人者，人恒敬之。"①提到中国同第三世界国家的外交关系就不得不提中国和巴基斯坦的故事。2008 年汶川大地震，举世皆惊，中国为解决灾民临时居住问题，连续三次向国际社会请求帐篷支援。巴基斯坦得知后，第一时间把全国包括军队的战略物资帐篷都运到了中国，当别人问价值多少时，巴方官员说中巴友谊不是用钱来衡量的。"得道者多助，失道者寡助"②，中国对巴基斯坦等国家的帮助最终收获了道义，如今中国对非洲国家的铁路扶助也能让世界人民领略儒商仁义理念的真正价值所在。

习近平总书记在企业家座谈会讲话中曾说，"这些年来，越来越多企业家投身各类公益事业。在防控新冠肺炎疫情斗争中，广大企业家积极捐款捐物，提供志愿服务，作出了重要贡献，值得充分肯定。当前，就业压力加大，部分劳动者面临失业风险。关爱员工是企业家履行社会责

---

① 《孟子》，弘丰译注，中国文联出版社，2016，第 69 页。

② 《孟子》，弘丰译注，中国文联出版社，2016，第 158 页。

任的一个重要方面，要努力稳定就业岗位，关心员工健康，同员工携手渡过难关"。①

如今的顺丰，已经有 20 多万名员工。在全国大型公司管理都主张流程化、制度化的管理方法时，顺丰却形成了以"仁义"为核心的企业文化，顺丰董事长王卫对内秉持"以人为本"的理念，给出自己的 4 道"心法"——管人，先用"心"。一是爱心，即设身处地为员工着想；二是舍心，即舍得与员工分享利益；三是狠心，管理员工并不是"有福同享"这么简单，也会让员工接受历练；四是恒心，一层层真正地执行，才有机会将管理做好。

顺丰对外积极开展社会公益，最早起步于 20 世纪 90 年代，如凤霞中学助学、非典捐助、汶川地震救助等。2009 年 8 月，顺丰在广东省民政厅注册成立广东省顺丰慈善基金会，设专职机构注入专项资金从事慈善公益活动；2012 年 12 月，顺丰在民政部注册成立顺丰公益基金会，进一步扩展顺丰公益的业务范围及区域辐射范围，以期创造更大的社会价值，彰显了儒商"仁义"理念。

仁义理念在阳光保险集团股份有限公司（以下简称阳光保险）这种大型企业也得到了充分践行。成立十余年来，

---

① 习近平：《在企业家座谈会上的讲话》，人民出版社，2020，第 8 页。

阳光保险累计为超 3 亿客户提供保险保障，在各项公益慈善事业中累计投入超过 2.3 亿元。阳光保险把"爱与责任"作为自己的核心理念，在发展过程中惠及人民利益。

在阳光保险董事长张维功看来，作为一名儒商，就需要"义以生利，利以平民"，要有超越个人功利的终极目标和救世济民的远大抱负。近年来，阳光保险始终将履行社会责任作为企业发展应尽的职责，积极参与"一带一路"倡议，努力使保险主业和人民需求相融合，将公益的阳光洒向这个时代最需要的地方，捐助了近 60 所博爱学校。阳光保险大力实施"双生计划"，面向"三州三区"及国家级深度贫困县，定向培养万名贫困地区乡村医生、定向帮扶万名贫困地区乡村学生，实施健康扶贫、教育扶贫，助力贫困人口中国新时代美好生活的实现。在我国脱贫攻坚战取得了全面胜利后，阳光保险又推出针对农村地区的"收入保险"，打破了传统农业"靠天吃饭"的局面，提高农户抵御自然灾害和市场风险的能力，为农民真正撑起一把"保护伞"。此外，阳光保险每月向达到退休年龄的员工父母发放赡养津贴，使企业的发展惠及家庭、助孝父母，真正做到"爱与责任"。

无数企业家践行"仁义"理念，既注重企业经营与发展，追求企业价值最大化，也对人民负责，瞄准人民需求、人民利益、人民幸福，致力于主动承担社会责任、创造更大的社会价值。人生最大的追求是奉献而非索取，当儒商"仁"心付诸"义"举，不仅将为儒商带来思想的升华和人生境界的提升，也必将为企业发展带来助力。

## 二 "诚信"理念践行实例及思考

传统儒商实践理念中的"诚信"表现为抱诚实、守信用，即以诚实之心、忠信之行经商，将"诚"看作立身品行，将"信"看作"诚"的自觉践行。改革开放以来，儒商"诚信"理念更加注重契约精神，"以信为重"，着力点外延至整个社会的诚信品格，将客观检验基础之上的人民是否信任和满意作为检验标准，具有评价标准的人民性。

一个获得信誉的企业，一个获得消费者信任的企业，也必将是在市场经济大潮中立于不败之地的企业。华为把诚信看的非常重要，其在《致新员工书》中明确指出，其十几年来铸就的成就只有两个字——诚信，诚信是生存之本、发展之源，诚信文化是公司最重要的无形资产。

华为认为，客户选择华为是因为华为秉承着以诚信为基础的价值，因为客户的价值观与华为的价值观是一致的，正是华为的诚信换取了客户的忠诚。

华为的诚信靠什么来体现？一是靠公司的核心价值观，二是靠全体员工对诚信价值观的认同。这是一条诚信的价值链：公司对员工诚信，员工对公司诚信，最终才能表现在华为对客户与社会诚信。归根结底是员工对公司的诚信，才形成了华为对客户的诚信。

华为认为，诚信的本质在于责任，一个有使命感、责任心的员工，是不会否认诚信文化的。这种诚信文化创造的价值是取之不尽，用之不竭的。公司要建立员工的诚信档案，为选拔培养更多的优秀干部打下基础。

所以，关于诚信华为做了如下表述——我们只有内心坦荡诚恳，才能言出必行，信守承诺。诚信是我们最重要的无形资产，华为坚持以诚信赢得客户。诚信的本质在于责任与使命，在于信仰公司的核心价值观，在于全体干部与员工信守自己的承诺。每个有使命感、责任心的华为员工，有权利、责任和义务信守华为共同的诚信文化，每一位华为干部都应是华为诚信文化建设的倡导者和身体力行的模范，每一位华为员工都应是诚信文化的承传者和实践者。

1985 年，海尔从德国引进了世界一流的冰箱生产线。一年后，有用户反映海尔冰箱存在质量问题。海尔公司在给用户换货后，对全厂冰箱进行了检查，发现库存的 76 台冰箱虽然外观有划痕，但不影响冰箱的制冷功能。时任厂长的张瑞敏决定将这些冰箱当众砸毁，并提出有缺陷的产品就是不合格产品的观点，这在社会上引起极大的震动。作为一种企业行为，砸冰箱不仅强化了海尔员工的质量观念，为企业赢得了美誉，而且促成了中国企业质量竞争的局面，反映出中国企业质量意识的觉醒，对中国企业及全社会质量意识的提高产生了深远的影响。

只有内诚于己，即为人要诚实，不虚伪，才能外信于人，即不欺骗别人，不失信于人。多年来，海尔一直秉持"精细化、零缺陷，有缺陷的产品就是废品"的诚信理念，坚持"用户第一"的思想和"创造资源、美誉全球"的企业精神，不断打造一流产品，确立了国际品牌地位。

改革开放以来，儒商诚信理念不仅指引国内儒商的商业实践，对新加坡等东南亚各国也有深刻的影响。早期新加坡实现工业化、现代化的成功经验，可以概括成一个简单公式：新加坡工业化、现代化＝西方的先进技术和工艺＋日本的效率和高度的组织纪律性＋东方的价值观念和人生哲学。公式把"东方的价值观念"作为重要一项加以肯定。东南亚儒商群体同样认为雇主与雇员之间、商人与商人之间、商人与银行家之间的商业关系，最重要的基础就是忠实可靠，并将这一评价标准外延至整个社会的诚信品格和人际交往的伦理道德。

"诚者，天之道也。诚之者，人之道也。"人无信不立，企业和企业家更是如此。社会主义市场经济是信用经济、法治经济。法治意识、契约精神、守约观念是市场经济商业活动的重要意识规范，也是信用经济、法治经济的重要要求。企业家要同方方面面打交道，无论国外企业还是国内企业，都要与消费者建立良好的信用关系，企业调动人、财、物等各种资源，没有诚信寸步难行。"企业家要做诚信守法的表率，带动全社会道德素质和文明程度提升。"① 但由于种种原因，一些企业在经营活动中还存在不少不讲诚信甚至违规违法的现象。

信誉乃企业生存的根本。一直以来，广大儒商都恪守"言必信，行必果"的行为准则，并逐步形成了带有鲜明儒家特色的诚信商业文化。随着经济结构的逐步升级，现如今人类社会已经逐渐进入信用经济时代，诚信不仅制约着企业家的社会生存与发展，而且与企业融资、纳税等一系列行为联系在一起，直接制约企业生产经营成本控制、发展路线，企业家只有具备诚信的基本底色才能为企业的发展提供正确的引导。这就要求儒商将精力用在产品的技术开发、产品质量的提高、完善售后服务体系等工作上，只有"诚"才能有"信"，也只

---

① 习近平：《在企业家座谈会上的讲话》，人民出版社，2020，第8页。

有"诚信",才能获得消费者的充分信赖。而蒙、坑、假、骗等歪门邪道或许会带来一时之利益,但也必将带来永久之信誉损失。为此,现阶段必须要加强宣传,在全社会尤其是企业家群体中培育儒商实践理念,营造诚实、守信的市场文化环境,增强诚信道德的市场感染力。另外,则需要逐步建全企业诚信监督管理机制,以企业征信制度为基础,打造融通市场的企业诚信管理机制。不断完善企业诚信经济立法工作,以法律为准绳规范企业生产经营行为,持续推进实施用户满意工程活动,在全国范围内营造"以用户需求为中心,以用户完全满意为标准"的诚信营商环境,不断提高产品、工程和服务质量,全面提高企业诚信经营水平。

## 三 "创新"理念践行实例及思考

传统儒商认为,商业经营中需用智慧、重谋略,而创新就是经营智慧中的重要组成部分。相较商业科技创新和商业范式创新,传统儒商更加注重管理模式创新。当代儒商实践理念更加看重创新的价值,管理模式、生产技术、运营手段等创新途径不分高下,创新被看作关系企业生死存亡的生命线。创新的目的不仅仅是获得更多的利润,更在于锚定人民利益、社会责任,企业通过创新掌握核心科技，满足社会发展、人民需求。

方太厨具由茅理翔和茅忠群父子在 1996 年成立，如今发展已有二十余年。方太旗下产品线众多，国内和海外的业务都在发展，吸油烟机、消毒柜、水槽洗碗机等在行业内处于领先地位。而领先地位的取得源于方太集团对于创新的不懈追求。"方太集团坚持科技创新为引领，坚持每年将不少于销售收入的 5% 投入研发，入选 2021 年浙江省'未来工厂'试点企业名单。截至 2021 年 7 月，方太拥有近 5500 余件授权专利，其中发明专利数量超 1000件，掌握厨电行业最大'专利池'。"①

方太庞大的授权专利数量与丰厚的科技转化成果背后，是其对研发创新的投入和坚持。方太始终坚持"创新是企业发展的第一动力"，持续围绕空气、水、烹饪三大核心科技，推进基础科研纵深发展，引领厨电科技化浪潮。而在持续研发投入的背后，是方太的内在文化价值驱动。方太集团董事长兼总裁茅忠群在内部致全体科技工作者的信中表示："创新科技工作要坚持以仁爱为缰，让科

---

① 《夯实基础研究 税务助力"未来工厂"拥抱智能智造》，光明网，2021 年 8 月 12 日，https://economy.gmw.cn/2021 - 08/12/content_35076014.htm。

技更好地服务于人"①。在"仁爱为体、合理为度、幸福为本"企业创新理念导向下，方太一直坚持以"用户需求"为导向，潜心自主研发，打造能真正解决用户痛点的创新科技成果，为其构筑深厚的创新科技实力提供了明确的价值指引。

茅忠群被业界称为"儒商"，他是个喜欢思考、注重消费者心理并且积极进行创新研发的领导者。在他的带领下，方太提出并施行"心本经营"，形成了独特的企业文化。心本经营，就是以人心为本的经营，要将创新目的锁定人民利益，"得人心者得天下"，方太致力于给国民制造出最好的产品，不断创新，满足消费者的需求，推出受消费者欢迎的产品，从而抢占市场份额。

海信集团董事长周厚健向欧洲研发中心的产品外观设计工程师们布置了一项新任务：游览欧洲著名的博物馆和艺术馆，体验欧洲的文化和生活，深刻领悟欧洲设计的精髓，以设计出具有欧洲标准的产品。这成为海信大规模推行"体验式研发"的信号。"体验式研发"是一种全新的研发模式，即通过实景体验来激发研发灵感。这在国内研

---

① 《解读方太：创新无大小，价值产出是核心》，中国科技新闻网，2022 年 5 月 30 日，https://www.zghy.org.cn/item/55187620542538 1376。

发领域可谓独树一帜。

在海信国内研发总部，负责设计未来数字家庭系统的工程师们则直接住进了建在海信研发中心的一栋美式风格的"小别墅"，这成为"体验式研发"的生动注解。

2006 年，海信承担了科技部"十一五"重大科技支撑项目"数字社区示范工程"。如何设计出完美的未来数字家庭系统，并且确保消费者在实际应用中的便捷性？海信决定建起一栋小别墅，让它成为新开发的数字家庭系统产品的检验平台。于是，小别墅就成为海信数字家庭研究所的一个重要实验室。

小别墅是个"未来家庭"：发电靠屋顶上的太阳能动力系统；所有家电都通过一个手掌大的控制器控制；想做饭了，可以通过嵌入厨房墙壁里的微型电脑从网上查询菜谱……工程师们在小别墅里充分体验未来的智能生活，哪里用着不合意、不便捷了，就是一个新的研发改进点。

基于此，体验式研发的又一个成果诞生了。2007 年7 月，海信发布了 DNet – home 数字家庭系统标准，中国第一个数字多媒体技术国家重点实验室落户海信，"小别墅"成为集成专利和成果最多的实验室之一。

海信设计的"蔚蓝海岸"家庭影院摘取了有着"全球工业设计界奥斯卡"之称的 IF 工业设计大奖，这是中国彩电品牌 50 多年来首次问鼎该奖。"流动的波浪、蔚蓝而有动感的海岸线"是这个设计的精华元素，设计师用象征的手法把对大海的感受体现在产品外观设计上。主设计师金蝉说，她的设计灵感正是源于对海滨城市生活的"体验"。

基于"创新融于生活，研发源自体验"理念的"体验式研发"，为海信孵化出一个又一个创新成果，夺取了一个又一个国际国内设计大奖，从而保证了企业的竞争力。而在研发模式上的创新，也是海信对国家提倡的"企业是创新的主体"的多角度理解和探索。

从党的十八大提出"实施创新驱动发展战略"，到党的十九大提出"创新是引领发展的第一动力"，再到十九届五中全会提出"坚持创新在我国现代化建设全局中的核心地位"，创新之于中国经济社会建设的重要性愈发凸显。党的二十大报告进一步强调，"必须坚持科技是第一生产力、人才是第一资源、创新是第一动力"，再一次将科技创新的战略意义提升至新的高度，并对其作出部署，将更大限度汇聚创新力量，促使"第一动力"在建设社会主义现代化强国的过程中持续发力。

创新是引领发展的第一动力，科技是战胜困难的有力武器。步入新时代以来，面对复杂多变的国际形势和全球疫情考验，"中国工程机械产业危中思变、跨越赶超，释放了高质量发展的巨大能量，徐工集团已累计投入研发近200 亿元，年度研发投入占比始终保持 5% 以上；1999 年徐工专利数仅为 6 件，2012 年底徐工集团获授权有效专利近千项，发明专利 102 件。截至 2022 年，徐工集团拥有授权专利 9600 余件，发明专利 2300 余件，国际专利 160余件。"① 徐工集团代表中国企业品牌，始终牢记"国之大者"，始终牢记习近平总书记关于"搞好制造业"的谆谆嘱托，坚定信心、勇挑大梁，坚定走好自己的道路，坚持办好自己的事情，以智能化加速产业转型升级、以绿色化引领行业低碳发展、以服务化延伸主业价值链创新、以国际化打响全球知名度，其世界排名不断提升，这背后的原动力就是"科技、人才和创新"。

哈尔滨电气集团有限公司（以下简称哈电集团）作为我国发电设备制造业的摇篮，在水电、火电、核电、气电等多领域处于全国领军地位，已成为我国最大的发电设备、船舶动力装置研究、制造和成套设备出口基地，是中央管理的关系国家安全和国民经济命脉的国有重要骨干企业之一。"中国实验快堆""长江三峡枢纽工程"等 4 个

---

① 《二十大代表杨东升：创新是攀登世界科技高峰的必由之路》，中国教育新闻网，2022 年 10 月 19 日，https://baijiahao.baidu.com/s?id=1747081845087647839&wfr=spider&for=pc。

项目获得国家科学技术进步奖特等奖。2021 年 6 月 28 日，哈电集团自主研制的全球单机容量最大功率百万千瓦白鹤滩水电站 14 号机组率先投产发电，实现了我国高端装备制造的重大突破。哈电集团成功自主研制了世界首台全空冷 300 兆乏调相机和世界首台 50 兆乏分布式调相机，成功研制了"华龙一号"核电机组、世界首座高温气冷堆华能石岛湾核电站示范工程等项目的多个核心装备。"从建厂初期年产 0.24 万千瓦发电设备，到最高峰年产 3510 万千瓦发电设备，70 年来，哈电集团累计生产发电设备 4.6 亿千瓦，大型水电机组占国产装机总量的 1/2，煤电机组占国产装机总量的 1/3，重型燃气轮机占国内市场份额的 1/3，核电机组占国产装备总量的 1/3，主导产品遍布国内各个省份，并出口到 60 多个国家和地区。"① 哈电集团用创新驱动引领装备制造业高质量发展。

新时代，我国创新驱动发展在实践中取得显著成效。"我国全社会研发经费从 1 万亿元增加到 2.8 万亿元，居世界第二位。科技进步贡献率超过 60%，基础研究经费是十年前的 3.4 倍。我国全球创新指数排名从 2012 年的

---

① 《哈电集团建立 70 周年：累计研制 200 余项"新中国第一"装备》，中国新闻网，2021 年 8 月 6 日，https://baijiahao.baidu.com/s?id = 1707325468721107368&wfr = spider&for = pc。

第 34 位上升到 2022 年的第 11 位，成功进入创新型国家行列，数字经济规模居世界第二位。全国高新技术企业数量从 10 多年前的 4.9 万家增加到 2021 年的 33 万家，上交税额由 2012 年的 0.8 万亿元增加到 2021 年的 2.3 万亿元。"① 十年来的实践说明，只有以创新驱动引领高质量发展，才能加快推进我国社会主义现代化建设，顺利完成实现第二个百年奋斗目标的历史任务。

儒家经典《诗经》上说："周虽旧邦，其命惟新。"② 中国文化并不保守，反而具有创新基因，若非如此怎能成为人类历史上唯一没有中断的文明？党的十九大报告明确指出："创新是引领发展的第一动力。"③ 改革开放以来，我国经济发展取得举世瞩目的成就，这同广大企业家大力弘扬创新精神是分不开的。企业家创新活动已成为推动企业创新发展的关键。创新就要敢于承担风险。敢为天下先是战胜风险、实现高质量发展需要弘扬的品质。"企业家要做创新发展的探索者、组织者、引领者，

---

① 杜传忠：《以创新驱动引领高质量发展》，《中国社会科学报》2022 年 10 月 27 日，第 001 版。

② 《诗经》，王秀梅译注，中华书局，2016，第 10 页。

③ 习近平：《决胜全面建成小康社会　夺取新时代中国特色社会主义伟大胜利——在中国共产党第十九次全国代表大会上的报告》，人民出版社，2017，第 31 页。

勇于推动生产组织创新、技术创新、市场创新，重视技术研发和人力资本投入，有效调动员工创造力，努力把企业打造成为强大的创新主体，在困境中实现凤凰涅槃、浴火重生。"① 同时，改革开放以来，儒商在创新中认识到，创新成功与否的评定标准是能否满足国家需求和保障人民利益，能否通过不断创新满足消费者的需求、满足国家发展长远利益。这成为企业经久不衰，成长为"国民企业"的关键。

## 四 "和合"理念践行实例及思考

传统儒商重视合作与和谐，认为和气才能生财，即使不能合作，也要"买卖不成仁义在"。改革开放以来，儒商"和合"理念主张既要维护群体利益，也要注重发挥主观能动性，不断发展壮大自己；既要开展企业间合作，实现"双赢"，也要坚持尚中贵和，不断增强企业职工的凝聚力、获得社会公众的信任；要更加注重保护自然和生态环境，实现"绿色"发展；要树立全球观念，积极推进实施"一带一路"倡议，参与全球经济建设，构建人类命运共同体。

---

① 习近平：《在企业家座谈会上的讲话》，人民出版社，2020，第7页。

卢楚隆现任广东万和集团有限公司董事长、广东鸿特精密技术股份有限公司董事长、广东中宝电缆有限公司执行董事，兼任广东省家电商会执行副会长、广东海洋大学校外兼职硕士研究生导师等社会职务，荣获"广东家电行业改革开放 40 周年杰出企业家"称号。卢楚隆在个人的成长和企业的发展过程中，切实践行了儒商"和合"理念，他所创办的企业就叫"万和"，取万事和谐、万人和谐、万家和谐、万邦和谐之意。

关于企业内部的和谐，卢楚隆指出："要经营管理好一个大的企业，首先作为创始人团队就要做出表率，管理团队在日常管理过程中肯定存在不同的经营理念，但是一旦做出了最终决定，我们就会劲往一处使，齐心协力把事情办好，绝不会因为个人的意见和看法拖后腿。"① 万和的管理目标就是把企业塑造成一个大家庭，其核心文化就是"和"，这对于凝聚全体员工，推动企业发展很有意义；当然有了"和"文化的基因，还需要制度来贯彻，万和在制度设计中就把和谐作为企业的核心价值观，追求全体员工的和谐、共进，同时讲求利益分享，共创共赢。在企业内部，员工有职位的高低，但是人格上完全平等，

---

① 转引自朱大尉《家族企业权力交接：世袭 PK 禅让》，《民营经济报》2005 年 12 月 29 日，第 2 版。

不喊老板、老总，营造和谐、平等的氛围。在日常工作中，万和也追求团队的协作，通过标语、口号，以及集体文娱活动来营造家的氛围。

万和的核心理念是"和"文化，走过几十年发展历程，融汇其中的就是紧密团结、密切协作的精神，这也是万和"和"文化的基因。公司以"和"为企业文化的根本立足点，始终以"和"文化引导员工，建立以"和"为核心、以"德"为基础、以"礼"为规范的思想道德体系，引导并规范员工行为，同时通过各种活动和培训对员工进行持续的文化认同教育，强调股东、顾客、员工、供应商、合作伙伴、社会的和谐相处与共同发展，共同分享企业经营成果。

比亚迪集团董事长王传福对儒商"和合"理念也有着很深的见解，事实上这位几乎白手起家并多次转型的企业家，一直都在践行"和合"理念。

比亚迪为什么要这么努力地发展新能源？每年汽车都有大量的燃油损耗，这份损耗在所有人的认知之外。比亚迪呈现了一组触目惊心的行业统计数据。

中国对海外石油的依赖度高达70%，而这70%的石油中，有70%在运输时要经过马六甲海峡，国内所有消耗掉的石油，又有70%浪费在了运输中。而我们的石油储备天数，其实只有28天。新能源对于所有人来说，重要性不言而喻，开发新能源既可以减少对石油资源的依赖，也可以减少污染，重塑天人和谐，与当代儒商实践理念中人与自然和谐共处的"和合"理念完美契合。开发时间不长的比亚迪大巴项目，为新能源项目提供了巨大的推动力。

在比亚迪看来，电是大自然馈赠的能源，而石油并不是。科班出身的王传福对电池有着独特的热爱，在他看来，这是一个完全可以利用大自然馈赠的技术方向。而王传福也以"和合"理念为引导，加速推进比亚迪新能源汽车事业。王传福表示，汽车工业面临百年未有的大变革，面临产业链、创新链的重构，汽车工业大变革正在加速演进，电动化的方向非常明确，趋势不可逆转。国家发布的《新能源汽车产业发展规划（2021—2035）》明确提出，到2025年，新能源汽车新车销量占比20%，力争到2035年，公共领域车辆全面电动化。行业新旧动能转化，迸发出巨大的机遇和能量。

与此同时，比亚迪还积极投入"一带一路"建设，融入全球发展的时代洪流。作为进入欧、美、日、韩等汽车发达地区和国家的中国汽车品牌，比亚迪借助"一带一路"平台，开启"强强联合、优势互补"合作新模式，代表"中国制造"走向世界。比亚迪的运营足迹遍及全球6大洲300多个城市。比亚迪在美国、法国、匈牙利和巴西等国家建设纯电动巴士工厂，在荷兰鹿特丹、美国洛杉矶、巴西圣保罗成立海外巴士研发中心。截至2019年3月，比亚迪向全球合作伙伴历年累计交付各类纯电动巴士超过5万辆。无论是在发达的欧美市场，还是在中国汽车品牌从未真正踏足的日本，抑或是在汽车工业上能比肩美、日、欧的韩国，比亚迪所代表的中国力量都显示出足够的技术实力和市场话语权。

2015年10月，王传福陪同国家领导人出访英国，其间，比亚迪全球首款纯电动双层大巴作为中英文化合作的典范，接受中英两国领导人检阅。比亚迪制造的全球首台零排放纯电动双层大巴在英国伦敦兰开斯特宫惊艳亮相，自此，越来越多象征着伦敦文化的"英伦红"大巴开始有了比亚迪打造的"中国红"元素。以伦敦为支点，比亚迪电动大巴迅速在欧洲市场赢得了技术尊重和足够的市场说服力。现在，比亚迪已经占据欧洲20%、英国60%以上市场份额，成为欧洲纯电动大巴领跑者。其运营足迹遍布欧洲20多个国家70余个城市，包括荷兰阿姆斯特丹、英国伦敦、英国诺丁汉、意大利都灵等欧洲著名城市。而伴随当下"一带一路"建设进程的加快，比亚迪以"构建人类命运共同体"为理念，以将触角伸向了更广阔的全球市场，比亚迪的中国方案正在快步走出去，不仅影响着欧美日等发达地区和国家的市场认知，也在"强强联合、优势互补"的方向下，快速在各个发展中国家树立起全新的技术品牌优势，未来的日子里，比亚迪必将在海外结出更多的双赢硕果。

比亚迪成为中国乘用车历史中最成功的品牌之一。比亚迪在改革开放政策号召下，从深圳的一个旧车间起步，成长为业务布局涵盖电子、汽车、新能源和轨道交通等领域的国际化科技企业。"今年上半年，中国车企比亚迪新能源汽车销售量超 64 万辆，成为全球销量最大的电动汽车生产商。"① 而这也正是比亚迪践行"和合"理念带来的必然结果。

广东粤电集团（以下简称 YD 集团）是一个具有百年历史传承的企业，隶属于广东省人民政府国有资产监督管理委员会，是广东省实力最雄厚、规模最大的发电企业，已连续十年在省国有资产经营责任考核中获得优秀成绩。YD 集团成立之初，即把企业文化建设与推广作为一项基础工作，并纳入企业经营管理战略中。YD 集团以"和合"理念为企业文化建设的基调和底色，着重从价值观的和合、人际交往的和合、社会的和合等方

---

① 《中国新能源汽车何以热销海外》，学习强国网，2022 年 7 月 25 日，https://www.xuexi.cn/lgpage/detail/index.html? id ＝ 3200057157795046576&amp；item_ id ＝3200057157795046576。

面来确定企业文化建设的基本方向。

YD 集团积极践行儒商"和合"理念，形成了"合和共生，守正出新"的企业哲学，以及"厚德善能，益邦惠民"的企业使命。在企业经营中坚持"科学发展、实事求是、不断进步"的理念，尊重事物的本性，遵循世间万物的发展规律，顺应社会主义市场经济的客观发展趋势，遵循电力行业的前进方向，把握科学的企业经营管理方法，为公司的发展提供强有力的保障。同时 YD 集团助益国家、区域的繁荣，实现员工、股东、客户等相关利益者的价值。追求责任、效益与环境的和谐统一，为社会健康发展提供可靠动力，也不断提升企业在能源行业中的竞争力。

## 五 "规矩"理念践行实例及思考

传统儒商重视"规矩"，企业家守礼法、正品行，企业内部注重纲常伦理，制度严明，企业发展过程中遵守行规，不取不义之财。但传统儒商更加侧重于"家规"，而非"国法"。改革开放以来，儒商"规矩"要求企业家既要正人正己，也要遵法守法，企业家个体要端正品行、遵守法纪，企业内部要建立以人为本的现代企业管理制度，企业运营和商业活动要尊重法律权威，绝不触碰法律底线。尤其是在处理与政府的关系时尊重市场经济制度，构建亲清政商关系。

福建省三钢（集团）有限责任公司（以下简称三钢）董事长黎立璋对儒商"规矩"理念有自己的感悟。在他看来，遵纪守法是企业家的底线和红线。

三钢是福建省最大的钢铁生产基地，年产钢超过1000万吨。在全国钢铁产能过剩、传统企业成本居高不下的大环境中，三钢也未能独善其身，2015年不仅打破了企业创出的连续17年盈利的"金身"，更是出现了16.32亿元的巨额亏损。

面对巨额亏损，黎立璋一方面调整经营思路，以全流程同口径降成本的方式扭亏为盈；另一方面遵纪守法，绝不在质量方面偷工减料，并且遵守《环保法》《税法》等相关法律，为三钢守住了珍贵名声。

"企业运作必须在党纪国法以及相关的政策制度的框架下运行。企业家如果守不住这个底线，可能就会犯错误。"①黎立璋表示，作为一位企业管理者，要学法、知法、守法、用法，加强对自己的约束，规范自己的行为，严格恪守法律规范。这样，企业才能健康稳定地发展。

---

① 《遵纪守法是企业家的底线》，《西藏法制报》，2021年4月13日，第03版。

黎立璋说："三钢向来重视产品质量、遵纪守法，所以'三钢闽光'这个品牌一直都受到大家的认可和厚爱。"[1]在"规矩"理念引领下，三钢在 2017 年创造了良好的业绩，效益是三钢前 50 年的总和。纳税达到 40 亿～50 亿元。这不仅归功于供给侧改革使整个供需矛盾有所缓和，更重要的是国家形成了公平竞争的环境。

以前，一些企业偷漏税、用工不规范、环保投入少、产品偷工减料现象严重。在质量方面，不正规企业更是为了牟取暴利而罔顾诚信。对此，黎立璋呼吁，"不管是国有企业家还是民营企业家，都应该成为遵纪守法的模范，把企业做好，报效祖国，不愧于时代赋予我们的责任"。[2]

同样深谙"规矩"理念的倍加洁集团股份有限公司（以下简称倍加洁）也是儒商商业范式的典型代表。倍加洁是国内口腔清洁护理用品以及一次性卫生用品生产及出口的企业，建有 CNAS 认可的检测实验室，销售区域遍及全国各省、区、市，产品出口英国、荷兰、法国、意大

---

[1]　转引自王倩倩《福建三钢："破题"高质量发展》，《国资报告》2019 年第 2 期。

[2]　转引自王倩倩《福建三钢："破题"高质量发展》，《国资报告》2019 年第 2 期。

利、美国、巴西、日本、哥伦比亚、泰国等多个国家和地区。从国际市场看，牙刷产品出口量一直位居前列，公司连续三年始终保持中国牙刷（包括齿板刷）产品出口量前五名，行业地位较为突出。湿巾产品以出口为主，在中国湿巾出口量排名中，子公司倍加洁日化的湿巾出口量始终保持前三名。

在一些企业抱怨日子难过，苛责"去杠杆""严监管"等时，身价几十亿元的倍加洁董事长张文生却一声不吭，在扬州东部的一个小镇上继续埋头做着牙刷、牙签、湿巾等小玩意儿。虽然主要产品牙刷的毛利润很低，一支平均仅有3毛钱左右，但一年能卖出4亿多支。比起暴利行业，做牙刷虽然有些辛苦，但赚钱的稳定性和效率丝毫不亚于茅台这样的大企业。茅台酒不是每个人都喝的，牙刷却是每个人每天必用的。

当记者问起成功之道时，会计出身的张文生轻描淡写道："没啥特别的，个人觉得，做人要脚踏实地，做企业要合规，也就是守规矩。"① 守规矩，这个妇孺皆知的道理，常常是许多人难以做到的，张文生和他的倍加洁却坚守了21年。

---

① 《守规矩的企业日子好过》，中国证券网，2018年8月9日，http://news.cnstock.com/paper，2018 - 08 - 09，1038703.htm。

比如纳税这个考验人私欲的试金石。一些人和企业为之绞尽脑汁，想少缴纳甚至不缴纳。而张文生却坚持依法依规、按章诚信纳税。倍加洁是扬州市的纳税大户和先进单位，每年上交的税款是杭集镇许多企业之和。

正常纳税是守规矩，跑市场营销，张文生也有着自己的商业规矩。他认为，市场是多层次的，倍加洁只做中高端那一块，其他的留给别人。在企业发展上，张文生同样严守规矩，遵从发展规律，不脱离行业和企业的实际。公司有钱后，许多人劝张文生去扩张搞并购甚至跨界创新，他一一婉拒。张文生说："行业内的并购对我们意思不大，因为自身要扩大产能很容易。"[1] 而跨行业的并购，又不符合他的"稳步发展"规矩。他起初说这话时，并没有多少人理解。当一家家企业因为"高杠杆""跨界并购"而陆续倒下时，许多人对张文生竖起了大拇指。

上市是许多企业梦寐以求的。当一些企业为了上市东奔西跑去补缴税款、处理各类纠纷诉讼时，张文生的倍加洁却轻松自如地走着流程，只用了 2 年时间就成功登陆主板市场，中间没有收到一起投诉。拿到 IPO 批文时，许多

---

① 转引自毛发强《KZY 公司发展战略研究》，硕士学位论文，云南大学，2016。

企业都是尽快发布，张文生则是不急不慢，过了一个月才发。

倍加洁 IPO 上会时，有委员问张文生为什么想起来要上市，是"解决资金问题"，还是"竞争对手融资上市""政府的推动""股东套现""服务企业战略"？五选一，张文生选择了"服务企业战略"，战略从某种意思上来说也是合规的。只有守"规矩"，企业才会走得更远。张文生坚信，市场越规范，守规矩的企业日子越好过。

社会主义市场经济是信用经济、法治经济。现代化经济体系的建立，使信用和法治两者紧密结合，相辅相成，共同构成现代文明的两大基石。对于企业而言，"老字号""金字招牌"的塑造，不仅源于其在产品质量和经营服务上孜孜不倦的追求，更源于其对诚信守法的长期坚守与遵循，这应当成为企业生产经营的底线。

改革开放以来，诚信守法营商环境已经形成并逐渐发展，这既可以有效地降低全社会的交易成本，最大限度地提高社会整体的运行效率，又能够促进社会公平正义，更好地推进社会生产力的发展，激发各类主体的内生动力和活力。在市场主体不断丰富、市场规则日益完善、市场交易持续活跃的新时期，一个企业守"规矩"才能在激烈的市场竞争中获得市场的广泛信任，受到社会的高度认可，只有秉持儒商"规矩"理念的企业才能更好地把握

现代化经济体系的供求规律、竞争规律，获得可持续的
发展。

## 六 "担当"理念践行实例及思考

传统儒商以"修齐治平"为人生观、价值观，在个
人获得利益的基础上，齐家、治国、平天下才是他们更深
层次的人生理想。改革开放以来，儒商的"担当"理念
要求儒商应当厚植家国情怀、勇担社会责任，为中国梦的
实现做出自己的贡献。同时儒商应以"平天下"的抱负，
投入共建人类命运共同体事业，在全世界范围内"经世济
民"，推动人类共同发展。

作为一家新能源创新科技企业，自创立起，宁德时代
新能源科技股份有限公司（以下简称宁德时代）就专注
于为全球新能源的应用提供一流解决方案和服务。多年
来，宁德时代始终保持高研发投入，攻克了一批锂电池行
业"卡脖子"技术难题，形成了一系列具有国际先进水
平的自主知识产权成果，在电池材料、电池系统、电池回
收等产业链关键领域建立核心技术优势并拥有可持续研发
能力。"截至 2021 年，该公司动力电池出货量已连续五年
蝉联世界第一，技术水平全球领先。在宁德、厦门及德国
图林根州等地设立十大电池生产制造基地，产品销往全球

各地，实现了从'行业追随者'到'行业引领者'的成功转变。"①

宁德时代在发展过程中，为中华民族伟大复兴贡献更大的智慧和力量，"出则兼济天下，归则回报桑梓"一直是企业的愿景和核心文化，"担当"也一直是宁德时代的企业标签之一。站在全新的历史起点，宁德时代董事长曾毓群表示："宁德时代愿与国内外合作伙伴一道，以'开放、合作、共赢'的胸怀谋发展，以科技创新、绿色环保的道路开新局，为人类新能源事业做出卓越贡献，为人民美好生活贡献科技力量。"② 宁德时代以"平天下"的儒商抱负，勇担社会责任，在全世界范围内"经世济民"，充分体现了新时代儒商"担当"理念。

"企业营销无国界，企业家有祖国。"③ 在企业家座谈会上，习近平总书记勉励企业家对国家、对民族要怀有崇高使命感和强烈责任感，把企业发展同国家繁荣、民族兴

---

① 《第七届世界闽商大会发出宁德声音 从"行业追随者"到"行业引领者"》，东南网，2022 年 6 月 20 日，http://nd. fjsen. com/2022 - 06/20/content_ 31065116. htm。

② 《二十大时光·聆听报告丨宁德时代董事长曾毓群：愿为人类新能源事业做出卓越贡献》，新浪财经，2022 年 10 月 17 日，http://finance. sina. com. cn/chanjing/gsnews/2022 - 10 - 17/doc - imqmmthc 1158359. shtml。

③ 习近平：《在企业家座谈会上的讲话》，人民出版社，2020，第 6 页。

盛、人民幸福紧密结合在一起，主动为国担当、为国分忧。企业是国民经济的细胞，企业家是推动经济社会发展的重要力量之一。企业家在实现个人创业抱负的同时应增强爱国情怀，自觉践行儒商"担当"理念，将个人理想、企业发展与国家前途、民族命运结合在一起，推动企业实现质量更好、效益更高、竞争力更强、影响力更大的发展，更好造福国家和人民。

任正非的创业故事，是众多中国企业家心怀家国、敢闯敢试的生动缩影。而华为也立足中国，放眼世界，在全球化竞争中打磨出精益求精的产品，不断提升品牌价值。"2021 年，华为营收达到 6368 亿元，利润增至 1137 亿元，同比增长 75.9%。"① 华为成为国家乃至世界数字化领域的头部企业，不断做大做强。"华为是民族品牌的标杆，为各行各业树立了榜样，贡献了可贵的正能量。"②

世界百强公司中，华为是唯一一家没有上市、不搞金融、不炒房地产的中国实体经济公司。众所周知，华为在

---

① 《华为：2021 年净利润增至 1137 亿元 同比增长 75.9%》，人民网，2022 年 3 月 28 日，http://finance.people.com.cn/n1/2022/0328/c1004 - 32386278.html。

② 《华为的坚挺是民族的骄傲》，学习强国网，2019 年 5 月 22 日，https://www.xuexi.cn/lgpage/detail/index.html?id = 12141626371824176729。

中美贸易摩擦中，面临许多发展困难。然而华为在艰难险阻之下，不仅没有倒下，反而迎难而上，在中国的西部地区实施了项目自救工程，按照既定计划发布最新产品，同时开发了全世界第一个基于微内核的全场景分布式 OS 鸿蒙系统（Harmony OS），让全世界惊讶不已。鸿蒙系统的强大之处在于，其不只是应用在手机、电脑、汽车上，还可应用在全部物联网和工业互联之上，是促进中国 5G 产品和产业发展的精灵，践行了儒商"担当"理念。

习近平总书记深刻指出，"企业家爱国有多种实现形式，但首先是办好一流企业"。① 歌尔股份有限公司一直有敢于"担当"的企业文化。而这种担当文化中既有社会责任感，也有家国情怀，是对儒商"担当"理念最生动的体现。2020 年 7 月，歌尔股份有限公司董事长姜滨作为七位企业家代表之一在企业家座谈会上进行发言。姜滨说："歌尔一直在努力做一家受尊敬的全球一流企业。受尊敬这一点非常重要，我们定义的'受尊敬'，意思是首先这个企业在行业内要有领导地位、有规模，有相当的利润获得能力，同时还要有社会责任感，要尽到社会义务，对社会有回报。""尽管歌尔在全球布局，但我们首先是中国企业，这是我们改变不了的基因。正是得益于党和国家的关心支持，

① 习近平：《在企业家座谈会上的讲话》，人民出版社，2020，第 6 页。

得益于地方政府不断改善的创业环境和营商环境，才有了今天的歌尔。"回首过去，展望未来，姜滨更加坚定，"未来，歌尔将始终坚持'优秀者死，卓越者生'的理念，在更多细分领域为中国赢得一席之地，用5—7年的时间打造出一家世界一流企业，践行产业报国的光荣使命，不辜负总书记的殷切希望"。①

　　面对当前复杂的国内外形势和激烈的市场竞争，儒商要当"仁"不让，像习近平总书记在企业家座谈会讲话中指出的那样，增强爱国情怀，把企业发展同国家繁荣、民族兴盛、人民幸福紧密结合在一起，主动为国担当、为国分忧，带领企业奋力拼搏、力争一流，实现质量更好、效益更高、竞争力更强、影响力更大的发展。儒商要承担社会责任，努力稳定就业岗位，关心员工健康，同员工携手渡过难关。儒商要拓展国际视野，立足中国，放眼世界，提高把握国际市场动向和需求特点的能力，提高把握国际规则的能力，提高国际市场开拓的能力，提高防范国际市场风险的能力，带动企业在更高水平的对外开放中实现更好发展。积极弘扬企业家精神，扛起应有担当，企业家就能在我国社会主义现代化进程中发挥更大作用、实现

---

① 转引自吴磊、范素娟《为什么是歌尔》，网易网，2020年7月29日，https://3g.163.com/news/article_ so/FIMTEP2S055061FK.html。

更大发展。

儒商的担当不是空泛的，落脚点在于务实的报国行动。正所谓，"利于国者爱之，害于国者恶之"①。革命年代实业兴国、救亡图存，建设时期勇挑重担、艰苦奋斗，在改革开放大潮中敢闯敢干、锐意进取，在抗震救灾、抗击疫情等重要时刻捐资捐物、奉献报国，一代代儒商脚踏实地、不尚空谈，把深沉的家国情怀倾注在实实在在报效国家的行动中。无论是大力推动科技创新，加快关键核心技术攻关，还是提高国际市场开拓能力，在更高水平的对外开放中实现更好发展，"非常之功"正待"非常之人"。儒商带领企业奋力拼搏、力争一流，心无旁骛创新创造，踏踏实实办好企业，就是对于"担当"理念的最好践行。

"目的只有一个，就是希望国家兴旺、民族富强。我始终没有忘记自己是一个中国人，我愿尽我之所能，为国家的繁荣昌盛多办些实事。"② 著名爱国人士、香港知名实业家霍英东先生曾这样吐露自己在内地多方投资、捐赠的心声。全面建成小康社会，实现中华民族伟大复兴的中国梦，离不开优秀企业的支撑，离不开更好发挥儒商作

---

① 《晏子春秋》。

② 转引自闫红军《霍英东：赤子的爱国情怀》，《传承》2009 年第 17 期。

用。积极践行儒商理念，肩负起产业报国、实业强国重任，在爱国、创新、诚信、社会责任和国际视野等方面不断提升，儒商一定能带领企业勇立时代潮头，为国强民富做出更大贡献。

第五章

当代儒商实践理念培育群体及培育路径

改革开放以来 儒商 实践理念研究

中国传统文化源远流长，儒家思想被成功地运用于经济领域，形成了独特的儒商实践理念。而改革开放以来，儒商实践理念顺应时代需求，凝练出"仁义""诚信""创新""和合""规矩""担当"等理念，成为提升企业核心竞争力的重要因素。企业家是参与经济活动的重要主体，社会主义市场经济呼唤具有当代儒商实践理念的企业家，他们坚守"德无禁止方可为"的道德原则，成为中华文明复兴的特殊群体。营商人员是当代儒商实践理念的培育主体，他们的理想信念、思想品质，决定了社会的营商环境。商科大学生源源不断地被输送到企业一线，他们素质的高低直接影响企业精神的塑造。所以，必须高度重视企业家、营商人员、商科大学生当代儒商实践理念的培育问题，提高其职业素养，使他们成长为具有儒商特质的重要群体。

## 一 培育群体

### (一) 企业家

#### 1."企业家"概念

企业家 (entrepreneur) 是一个历史的、发展的概念。国内外对于"企业家"这个概念,不同的历史时期有不同的理解。西方是市场经济、企业制度发育最早的地区,诸多经济学家赋予企业家不同的内涵、特征和地位。因此,企业家相关理论在西方经济学中最为全面完整。在国内,学者们针对国情,也对企业家一词进行了不同的解释。

企业家一词最早源于 16 世纪初的法语,主要是指从事武装探险、开拓殖民地的将领,后来泛指"从事冒险活动的人"。18 世纪 30 年代,法国经济学家康替龙 (Cantilon) 首先提出了企业家的概念,后将企业家概念引入经济学著作《商业概览》一书,认为企业家要面对不确定性的市场和承担价格风险,是"风险的承担者"。英国古典经济学家亚当·斯密并未能鉴别资本所有者和企业家职能。19 世纪初期,法国古典经济学家扎伊尔 (Jean – Baptiste Say) 认为企业家是"结合一切生产手段并为产品价值寻求价值的代理人",企业家是生产要素的结合者和协调人。20 世纪，西方经济学家对企业家的理论研究更侧重企业家的功能和本质，主要存在以下几种观点。第一，英国新古典经济学家马歇尔（Alfred Marshall）指出企业家是使生产要素组织化的人，强调企业家是企业的实际经营者、企业财产权的掌握者、风险的承担者。第二，奥地利经济学家熊彼特（Joseph Alois Schumpeter）将企业家视为创新者，认为企业家最基本的功能是创新。第三，美国芝加哥学派的创始人奈特（Frank Hyneman Knight）认为企业家是决策者，面对市场的不确定性大胆决策并承担风险，享受正确决策带来的收益，承担错误决策带来的损失；美国经济学家卡森（Mark Casson）提出著名的"企业家判断说"，面对不确定的经济环境，企业家凭借自己的判断能力对稀缺资源做出判断和决策。①

对于我国来说，企业家概念是舶来品，企业家的提法也是计划经济向市场经济过渡后才出现的。人们习惯把企业家当成一个职务，甚至是头衔或者荣誉，实际上这是一种误解。我国学者结合国情对企业家的概念和职能进行了界定。张春霖等强调财产所有权和承担经营决策责任对企业家的重要性，认为国有企业的治理结构由行政干预下的

---

① 招锜昕：《企业家的概念界定》，《当代经济》2013 年第 8 期。

内部人控制，这实质是"企业家缺位"。① 张维迎认为企业家是权责利的统一体，从事经营管理是权力，承担经营风险是责任，取得经营收入是利益，偏废任何一项都不是完整意义的企业家。② 厉以宁认为企业家应具备眼光、胆识、组织人力资本、社会责任感 4 个条件。③ 程承坪和魏明侠从企业家的责权利统一、功能、素质等多重视角对代表性观点进行研究，认为企业家属于管理者，但并非所有管理者都是企业家，只有符合企业家定义的管理者才能成为企业家；经营企业是企业家毕生追求的事业，其对企业的生存和发展负直接责任。④ 程国平等认为企业家是具有优秀品质和卓越能力的经营者，并把职位、经营能力、贡献作为衡量企业家的基本要素。⑤ 招锜昕认为只有拥有异质性人力资本、以经营企业为职业、将自己的人力资本投

---

① 阿列克·诺夫、张春霖：《"市场社会主义"和"自由经济"：谈可供选择的道路》，《经济社会体制比较》1991 年第 1 期。

② 张维迎：《制度企业家与儒家社会规范》，《北京大学学报》（哲学社会科学版）2013 年第 1 期。

③ 厉以宁：《中国经济双重转型之路》，中国人民大学出版社，2013，第 21 页。

④ 程承坪、魏明侠：《信息时代的企业组织变革与人力资源开发》，《科技进步与对策》2000 年第 4 期。

⑤ 程国平、蔡仕平、王克慧：《经营者综合激励方案的设计》，《武汉理工大学学报》（信息与管理工程版）2002 年第 6 期。

到企业的经营中并承担风险的人才能成为企业家。①

综合国内外研究，我们可以发现，对于企业家概念的界定，仁者见仁，智者见智，学者们的观点或是描述阶段性群体特征，或者只描述企业家的某一方面，因此不具有普遍性或整体性。但是通过分析归纳可以发现，要成为企业家必须具备一定的能力，如发现机会、开拓创新、研究决策等。企业家是一个被历史不断赋予新意的概念，本书认为改革开放以来的企业家是拥有一定经济资本，以经营企业为职业，承担经营风险，能够以个人优秀品质和卓越能力使个人、企业获利且为社会做出较大贡献的决策者。其中，企业家能力和素质是核心，经营企业是前提，获取个人利益和企业利益是基础，承担风险是基本要求。

### 2. 企业家精神的时代要求

任何企业存在于社会之中，都是社会的企业，社会是企业家施展才华的舞台。市场活力来自于人，特别是来自于企业家，来自于企业家精神。改革开放以来，一大批有胆识、勇创新的企业家茁壮成长，形成了具有时代特征、民族特色、世界水准的中国企业家队伍，成为构建新发展格局、建设现代化经济体系、推动高质量发展的生力军，为经济社会发展持续注入正能量。在 2020 年企业家座谈

---

① 招锜昕：《企业家的概念界定》，《当代经济》2013 年第 8 期。

会上，习近平总书记充分肯定广大企业家在促进经济社会发展中的重要作用和贡献，就弘扬企业家精神提出五点希望，"企业家要带领企业战胜当前的困难，走向更辉煌的未来，就要在爱国、创新、诚信、社会责任和国际视野等方面不断提升自己"①，赋予了企业家精神新内涵。

### 3. 培育当代儒商实践理念的意义

中华民族的伟大复兴必然带来中华文化的复兴，当代儒商实践理念成为举世瞩目的企业主流价值观指日可待。当代儒商实践理念的魅力在于它的民族特色，儒商体现出来的理念、精神、气质、情操、智慧、思维方式以及表达方式，在现代全球性的激烈的市场竞争中，显示出独特的文化软实力，并可转化为经济发展的优势。

儒商是具有中华民族特色的企业家的人格追求。修身方可平天下，企业要提升竞争力，企业家首先要以提高自身修养为根本，不断提升人格素养，树立正确的世界观、人生观、价值观和名利观，做传统美德的传承者和道德规范的实践者，带领企业发展壮大。在企业家群体中开展当代儒商实践理念培育工作，可以帮助企业家提升自身修养，进而培育企业文化，引领企业长远发展。

---

① 习近平：《在企业家座谈会上的讲话》，人民出版社，2020，第 5 ~ 6 页。

## （二）营商人员

### 1. 营商人员概念界定

营商人员，即商人。在社会主义市场经济中，"商人"的表现形式异常丰富。2020 年 5 月《中华人民共和国民法典》的颁布宣告中国"民法典时代"正式到来。民法典对商事主体的基本类型和商事主体登记做出基础性规定。商事主体属于民事主体的类型之一，包括公司、合伙企业、个人独资企业、个体工商户、非公司企业经营单位、来华从事经营活动的外国（地区）企业、农民专业合作社，以及企业分支机构等。

国有企业、民营企业、港澳台资企业、外资企业、个体工商户、个体私营企业经营者等所有商业经营者都是企业家。因此，企业家范围应扩大，包括所有企业和个体工商经营者。但因企业家独特的社会功能和经济价值，本书将企业家从营商人员群体中单独提出来研究论述。

商人的整体面貌应当是经商牟利者，具体则应当有以下四个构成要素。一是依法进行了商事登记并具有法定组织形式的商事主体。按照《中华人民共和国民法典》《公司法》《合伙企业法》《个人独资企业法》《农村专业合作社法》等商事组织法进行商事登记的公司、合伙企业、个人独资企业、个体工商户等才能称为商事主体。这些商事主体意义上的"商人"是目前我国市场经济中最重要的商人类型，是属于社会常态的"商人"，也是目前商事权利义务的主要承受者；但绝非中国商人的全部，例如路边摊经营者也属于商人。二是第三人善意信赖其为商人。商事主体皆是商人，而商人却不以商事主体为限。某些商人可能不符合前述商事主体的具体要求，比如未经登记、登记被撤销，或者未履行有关商事账簿的义务即开始进行营业。但是，出于对第三人利益保护的需要，按照信赖保护的商法基本原则，如果第三人善意信赖其为商人，则其应当被看作商人并享受商法上的权利，并履行相关义务。三是营业。营业是以固定的方式持续性、连续性地开展营利活动。四是从事商事行为。

值得一提的是，小商小贩并未履行商事登记，是否属于营商人员范畴？答案是肯定的。国务院于 2017 年颁布的《无证无照经营查处办法》，就放宽了无证无照经营的查处范围，规定"在县级以上地方人民政府指定的场所和时间，销售农副产品、日常生活用品，或者个人利用自己的技能从事依法无须取得许可的便民劳务活动"不属于无证无照经营。这意味着，政府部门应在针对小摊小贩的管理中体现出更多的宽容。

综上所述，在我国，不仅各种规模不一、形态和功能各异的商事组织（公司、合伙企业、个人独资企业等）

和个体工商户被看作商人，该商事组织的投资者、高级管理人员，甚至某些特定职位的员工（商业使用人）也可以被看作商人；不仅那些被社会习语称为"商人"的、专事投资牟利的职业群体是商人，各级别的政府及政府部门、事业单位、社会中介组织、公益组织等，也有可能在某些情况下成为商人；不仅依法进行商事登记者是商人，某些情况下未进行商事登记者也可能成为商人（如路边摊经营者）；有时，商人确实是以自己的名义经营，但有时却以他人的名义经营（如特许经营商）。① 无论是企业家还是流动的小商小贩，都属于商人范畴。

### 2. 培育当代儒商实践理念的意义

商业行为从来都具有两面性：一方面，促进了商品的流通，促进了商品生产，带来了社会繁荣；另一方面，商人的趋利又有不择手段、唯利是图的自我倾向。儒商实践理念能纠商人唯利是图之偏，在整个商品社会起到历久弥新的重要作用。

当代儒商实践理念有益于经世致用。一般商人都非经济方面的理论家，他们在从商方面的宗旨和理念，都是建立在某种文化底蕴基础上的意识和潜意识的产物。当代儒商实践理念的生命在于它的普遍性，例如，只要实行商品

---

① 程淑娟：《"商人"的类型化思考》，《河北法学》2013 年第 8 期。

经济、市场经济，古今儒商奉行的"诚信""和合"等理念，以及"顾客满意"的经营原则等，是永远不会过时的。儒家思想有益于世人，在于它具有大众意义上的道德教化功能，不仅仅是大企业家，寻常商人亦能在不同程度上进行实践，并将其作为精神源泉。在营商人员中提倡当代儒商实践理念是使商人逐步有"文化担当"的伟大事业，是改革开放以来商业伦理和商业范式的客观要求。我们强调当代儒商实践理念的实践价值，强调要通过对当代儒商实践理念的弘扬和培育来为现实的经济发展服务，目的和意义正在于此。

### （三）商科大学生

#### 1. 商科大学生概念

商科涵盖范围广、涉及专业多，而且不同的国家、不同的大学在商科专业细分上也有差异。较主流的商科专业包括金融、会计、市场营销、管理学、商务类（包括国际商务、电子商务等）、物流、经济学、人力资源管理这八大类。简言之，商科大学生就是攻读上述商科专业的高等学校、专门学院、高等职业技术学院、高等专科学校的在校学生。从学历和培养层次上讲，包括了专科、本科、研究生不同学历层次的学生。

### 2. 商科大学生培养目标

2020 年，教育部印发了《高等学校课程思政建设指导纲要》的通知，指出"经济学、管理学、法学类专业课程。要在课程教学中坚持以马克思主义为指导，加快构建中国特色哲学社会科学学科体系、学术体系、话语体系。要帮助学生了解相关专业和行业领域的国家战略、法律法规和相关政策，引导学生深入社会实践、关注现实问题，培育学生经世济民、诚信服务、德法兼修的职业素养"。[①]"经世济民、诚信服务、德法兼修"高度概括了商科学生职业素养的培养目标，与当代儒商实践理念"仁义""诚信""创新""和合""规矩""担当"同质同源，高度吸收凝练了儒家文化的"仁者爱人""以义制利""诚实守信""以人为本""以德为重""以和为贵"的价值内核。

国内商科名列前茅的综合类大学，抑或是著名的财经类高校，虽然对人才培养目标的描述各不相同，但是归纳起来都体现了当代儒商实践理念内核。北京大学光华管理学院以"创造管理知识，培养商界领袖，推动社会进步"

---

① 《教育部关于印发〈高等学校课程思政建设指导纲要〉的通知》，中华人民共和国教育部官网，2020 年 6 月 1 日，http://www.moe.gov.cn/srcsite/A08/S7056/202006/t20200603.462437.html。

为历史、国家和社会赋予的责任和使命，把企业家责任、社会责任、民族使命感作为教育的根本，始终强调学生人生价值和人文精神的培养。中央财经大学人才培养方案中指出，要"培养适应国家经济和社会发展需要，富有高度历史使命感和社会责任感，具有扎实的理论功底、精湛的专业能力、良好的综合素质、优秀的人格品质和广阔的国际视野的创新型精英人才"。① 上海财经大学人才培养以立德树人为根本任务，以"复合型、外向型、创新型"为人才培养规格，促进学生"素质、知识、能力、体格"全面发展，培养具有全球视野和民族精神，富有创造力、决断力及组织力的卓越财经人才。可见，爱国精神、社会责任、创新创造、国际视野等品质和素养成为商科高校人才培养目标和办学方向。②

### 3. 培育当代儒商实践理念的意义

近年来，尽管市场经济不断发展，但是功利主义价值观导致商业诚信缺失现象频发。培养有德有才的商科人才是时代赋予高校的责任。此外，一部分学生毕业后进入企

---

① 《中央财经大学：聚焦经济发展重大问题，培养财经领域拔尖人才》，凤凰网，2021 年 6 月 23 日，https://edu.ifeng.com/c/87IqTH-FlBMa。

② 蒋传海：《聚焦一流 追求卓越 推进高水平研究型大学建设》，《中国高等教育》2019 年第 1 期。

业，调查问卷显示，企业最关注的并非毕业生的技能，而是积极主动、有团队精神、执行力高、责任心强等道德品行和职业精神。尤其是德才兼备具有儒商实践理念的学生深受欢迎。还有一部分学生在"互联网＋"以及双创背景下选择自主创业，这就需要坚持不懈的努力、敏锐的商业嗅觉、善于把握趋势的能力、通人情事理以及能够自我反省。这些都是改革开放以来儒商实践理念的精髓。所以，传承和培育儒商实践理念，对创新商科人才成长模式具有深远意义。①

立足中华优秀传统文化，积极培育和践行当代儒商实践理念，自觉以儒家传统文化精髓为自身品格修养，积极进取、义利兼顾、与时俱进，具有强烈社会责任感，成长为品德高尚、志存高远、诚信为本、以义取利、以利济世、遵纪守法、爱国敬业、团结友善的当代儒商实践理念的高素质人才，是商科大学生提高文化素养的基本追求。商科大学生内有人文情怀和科学艺术修养，外能兼济天下、经邦济世全面发展，能够成为创造财富、彰显社会责任、实现自我价值的儒商。

---

① 邵作昌主编《儒商文化与职业素养》，北京理工大学出版社，2020，第211页。

## 二 培育路径

### (一) 企业家当代儒商实践理念培育

#### 1. 企业家精神与当代儒商实践理念关系

(1) 企业家精神与当代儒商实践理念

改革开放以来，一大批优秀企业家在市场竞争中迅速成长，为积累社会财富、创造就业岗位、促进经济社会发展、增强综合国力做出了重要贡献。当前国家已经进入新时代，从"富起来"到"强起来"，从"引进来"到"走出去"，从"全面小康"走向"实现现代化"，从"边缘地带"走向"世界中央"，在实现中华民族伟大复兴的进程中，需要有一大批企业家承担起历史使命。在现代经济条件下，现代企业的管理者必须提高警惕，企业之间激烈的竞争给企业的生存和发展带来了巨大的挑战和压力。现代企业竞争中最重要的因素是团队文化和团队合作能力。优秀企业文化能够使企业在激烈的市场竞争中百战百胜，其理所当然成为企业生存发展的基础。而企业家精神正是优秀企业文化的重要代表。企业家精神包含爱国敬业、守法经营、创业创新、回报社会等基本内涵。

儒商实践理念是一种历史文化，它保证了公司的可持续发展，培养了公司管理者和员工艰苦奋斗的精神，提高企业内部人员的凝聚力。现代企业面对复杂的商业竞争环境，必须充分地学习优秀传统文化，同时将优秀传统文化与现代企业文化结合起来，推动公司的"软实力"发展。现代商业管理者要想取得成功，并促进企业的良性发展，必须强调对当代儒商实践理念的学习，将当代儒商实践理念"仁义""诚信""创新""和合""规矩""担当"六大内核结合到企业的经营策略中，实行协调管理。

（2）企业家精神与当代儒商实践理念关系

当代儒商实践理念和企业家精神具有性质、内涵的一致性和差异性。一致性在于其价值基础都是社会主义核心价值观和习近平新时代中国特色社会主义思想，有着共同的价值内核。其差异性在于相较企业家精神，当代儒商实践理念从中国传统文化中汲取了大量的价值内核，有更鲜明的个性特征和中国特色，对企业家的要求也更高。当代儒商实践理念下的企业家精神研究，实质上是在当代儒商实践理念引导下，对企业家精神进行更高层次的个性化、品牌化的塑造和构建，进而培养具有当代儒商实践理念的企业家，将企业家打造成儒商品牌，助力社会经济高质量发展。

### 2. 企业家群体特点研究

综观有成就的企业家，尽管其成长道路各有不同，但是他们身上却体现出共性的精神特征。

企业家是善抓机遇、勇立潮头的创新者。创新是企业家的本质特征，是企业家精神的灵魂。从一定意义上说，企业家之所以成为企业家，在很大程度上取决于他们的创新精神。他们常常借助超越现实、指向未来的超前思考，主动把握市场需求的变化特点和发展趋势，预见需求、创造需求、引领市场、创造奇迹。翻开国家政府报告或企业集团战略规划，"创新"往往是被提及最多的词语之一，这无疑是解放思想和改革开放给整个社会带来的宝贵思潮。正如一位法国学者曾这样描述具有创新精神的企业家："他们很像勇士，能迅速做出决定，具有不同寻常的精力和毅力，满怀非凡的勇气和果断的精神；他们奋不顾身地冲向广阔的经济战场，开辟出一片又一片创新的领域；他们以一种广泛、灵活的应变能力和行动准则指导企业运行；他们具有青年人的好奇心、发明者的创造欲、初恋者的新鲜感、亚神经质般的敏感性以及建设者和破坏者兼备的变革意识；他们双眼盯着国际上、国内外的各种信息，紧盯着市场需求，大脑中急骤地将外界的信息重新组合，构造出新的创新决策。"①

企业家是攻坚克难、创业实干的奋斗者。企业家的事

---

① 转引自刘月霞、赵洁民、罗锋《优秀企业家的共性》，《经济论坛》2004 年第 15 期。

业是充满风险的事业，攻坚克难、踏实勤奋是企业家成功的保障，其体现了企业家的人格魅力。

企业家是居安思危、忧患意识的保有者。"生于忧患，死于安乐"是人们对于忧患意识的最深刻的理解。忧患意识驱除了安于现状的惰性，使人处于永不停息的思考、创造之中，它是企业永葆生命力、勇于创新的动力。任正非最爱提醒自己的一句话是"千万不要以为自己无所不能"。① 这些取得巨大成功的企业家的忧患意识和危机感极强，也正因此，他们能在风云变幻的市场中把握机会，灵敏反应。海尔集团在当初创业时，曾有 70 多台冰箱质检不合格，企业家张瑞敏为公司的长远发展担忧，他当着众多职工的面，砸了这些冰箱。从此，公司员工上下一心，向质量要效益，靠质量促发展，使企业树立了品牌形象，质量效益双丰收。

企业家是社会价值、企业文化的培植者。从许多历经百年而不衰的大企业来看，企业和企业家走向成功的过程不仅是一个提升道德境界的过程，而且是一个通过运营道德资本创造源源不断财富的过程。从实质上讲，企业的竞争是企业家和企业文化的竞争。卓越的企业家以自己高尚

---

① 刘步尘：《中国更需张瑞敏还是任正非》，《IT 时代周刊》2013 年第 1 期。

的人格力量塑造和培植卓越的企业文化。企业家的高尚人格往往能在职工中形成向心力、凝聚力和内应力，它是企业走向兴旺发达的强大动力源。良好的企业文化不仅成为企业的形象和标志，而且是一笔巨大的无形资产，成为企业成功的秘诀和制胜的法宝。一个企业，如果没有文化的支撑，或许能红火一时，但绝不可能长久。企业家不仅创造了经济奇迹，还创造了各具特色的企业文化。张瑞敏是这方面的典范。他对海尔的引导首先是人格引导，"做大事，不做大官"是他的出发点，他主张企业家应实实在在地为社会贡献优质产品和服务，同时他主张用企业精神来传导海尔的价值取向，而其倡导的企业精神的精髓是民族的精神与民族的追求。作为一个企业的领导者，企业家的道德境界和企业文化有着密切的关联。一个企业的文化和精神主要体现在企业家身上，他不仅是这种精神的承载者，而且是促进企业不断丰富企业文化的推动者。①

### 3. 企业家当代儒商实践理念培育路径选择

新一代年轻企业家的培养是重中之重。长江后浪推前浪，中国正处在企业家新老交替的阶段，互联网、高科技的发展加快了企业家的成长速度。因此，新一代年轻企业

① 邵作昌主编《儒商文化与职业素养》，北京理工大学出版社，2020，第112页。

家的培养是关乎中国经济社会发展未来的重大战略课题。

（1）国家和社会层面

企业家精神是宝贵的社会资源，是实现高质量发展必不可少的生产要素。国家和社会应采取切实措施积极培育、保护和弘扬企业家精神。

第一，深度挖掘优秀企业家精神特质和典型，不断丰富和发展企业家精神。用优秀企业家案例鼓励并引导企业家群体不断增强"四个自信"，坚持正确价值取向和经营伦理，努力坚守实体经济，落实高质量发展。

第二，创造有利于保护和弘扬企业家精神的良好环境。营造依法保护企业家合法权益的法治环境，创建促进企业家公平竞争、诚信经营的市场环境，形成尊重和激励企业家干事创业的社会氛围，激发和保护企业家精神，释放企业家潜能。

第三，通过全面深化改革，着力破除影响弘扬企业家精神的体制机制弊端。特别是注重深化"放管服"改革，全面实施全国统一的市场准入负面清单制度，优化营商环境；完善产权保护制度，依靠有力的产权保护、顺畅的要素流动使市场活力和社会创造力竞相迸发；努力构建亲清政商关系，健全企业家参与涉企政策制定机制，让企业家在安心、舒心、放心的制度环境中主动拥抱新时代、建设新时代，在推动我国经济高质量发展和全面建设社会主义现代化强国新征程中贡献更大力量。

（2）个人层面

第一，培育"仁义"理念，激发以义取利、经世济民的精神。"仁义"理念的内核是以人民为中心的发展理念，也就是说儒商的"仁义"是为了实现国家富强、民族振兴、人民幸福。优秀企业家必须对国家、对民族怀有崇高使命感和强烈责任感，不计较个人得失、荣辱，只有把企业发展同国家繁荣、民族兴盛、人民幸福紧密结合在一起，才能把事业做大、把企业做强，更有意义和价值。

第二，培育"诚信"理念，激发专注品质、诚实守信的精神。改革开放以来，我国逐渐在世界制造业产业链中站稳了脚步，但从总体上来看，我国距离"制造业强国"尚有一定距离。随着国际竞争的逐步加剧，践行工匠精神，打响"中国制造"国际品牌成为中国企业发展的必由之路。这就要求企业家把握当前发展机遇，摒弃赚快钱的浮躁思想，踏踏实实搞研发、搞创新，少一些急功近利、多一些专注持久，少一些粗制滥造、多一些优品精品，苦练内功，久久为功。只有专注于自身领域，以精益求精、精雕细刻的"工匠精神"把产品做精做细，不断提升技术、质量、服务水平，控制好成本，才能让用户满意，才能培育出企业的核心竞争力。

第三，培育"创新"理念，激发敢闯敢拼、勇于创新的精神。企业家是社会的宝贵资源，企业家按照市场和产业的发展方向，配置资源、组织生产、开拓市场，推进技术进步和产业升级，不断提升企业的核心竞争力。供给侧结构性改革的核心是创新，而企业家正是创新的组织者和引领者。

第四，培育"和合"理念，激发合作共赢、科学发展的精神。企业家应该具备合作精神，企业家应不仅强调管理层之间的合作、与利益相关方的合作，而且应将合作精神扩展到企业的每个员工中，给予员工足够的施展空间，充分开发员工的潜质，形成企业内部全员合作的机制，让员工以主人翁的精神和责任感共同促进企业发展。另外，我国致力于深化改革扩大开放、积极融入世界经济体系、参与国际竞争，把合作共赢纳入当代儒商实践理念培育范畴具有客观必然性。世界上的每一个角落，几乎都活跃着中国企业家的身影，中国企业家精神也在世界很多领域开花结果。中国企业家精神必将产生更大的影响，为人类商业文明的新发展贡献中国元素。

第五，培育"规矩"理念，激发遵纪守法、坚守底线的精神。企业家要做遵纪守法的表率，要知法守法，增强底线思维；要及时学习相关法律法规，不断增强法律意识，学会用法律约束自己、规范自己、武装自己；要把法制教育建设摆在突出位置，以诚信守法推进企业文化建设，传播规矩理念，引导职工做诚信守法、服务社会的典范，在企业内部营造人人讲诚信、事事依法纪的浓厚氛围。

第六，培育"担当"理念，激发迎难而上、为国担当的精神。无论是历史上还是当今时代，我国有不少企业家树立"实业救国""产业救国"之志，为国家发展奉献了巨大力量。当前，企业家更应传承这种国家使命感、民族责任感，树立起中国企业家的精神旗帜。

## （二）营商人员儒商实践理念培育

### 1. 营商人员群体特点研究

营商行为终极目的是追求财富累积。在传统计划经济体制下，商品生产经营者的功能在于完成国家的指令性计划与维持其内部成员的生活和福利保障，并非营利。他们从事经济活动只考虑产品的数量，很少对成本和效益进行理性分析。这些从事生产经营的所谓的商人被推向市场后，在营利目的方面走向了极端，即作为市场经济主体，在追求利润最大化时，往往是盲目地通过降低成本来实现短期的营利，而忽视了产品的科技含量和生产经营效益等自身内在素质的提高。产生这种情况的原因有多个方面。市场经济初期，人们难以迅速适应经济体制的变化，人们的行为方式和行为规则由此发生碰撞。另外，新的经济体制和利益关系不太稳定，也不成熟，反映和调整新经济体制和利益关系的法律制度和规范也相应处于幼稚的阶段。法制本身的缺陷不可避免，缺陷的存在为一些人规避法律、违反法律提供了"施展手脚"的条件。市场经济初期，许多企业盲目地走外延扩展的发展道路，这与营利目的完全背离，是非理性化的表现。在市场经济体系的不断健全、经济领域立法的不断完善以及营商环境的不断改善等多重因素影响下，营商人员商业活动更趋于理性。

在一般意义上的商人看来，利润就是目标，其他都不过是手段。而企业家以做成某一件事情为目标，利润不过是一个结果。有一个造船厂有一句很有名的话："我们要做最好的船，顺便赚点钱。"这是企业家的思维方式。而对于一个商人来说，做鞋还是做裤子并不重要，只要能赚钱就行，把鞋做好是为了赚更多的钱。企业家和一般意义上的商人行事风格有很大的不同。企业家是一群"做事并赚点钱的人"，商人是一群"通过做事来赚钱的人"。

具有吃苦耐劳、艰苦奋斗的品质。商业源于原始社会以物易物的交换行为，随着时代变迁及社会发展，不同时代都涌现出具有代表性的从事商业行为的群体。他们都有一个共同的特征，即拥有吃苦耐劳、艰苦奋斗的品质。例如，温州商人有经商传统，他们以精明、吃苦耐劳、敢闯敢干著称。改革开放之后，温州商人更活跃于国内外商界，被誉为"中国的犹太人"。温商有遍布全国及海外的各级商会，建有"温州街""温州商城"等。"温州人精神"常被概括为四点，即白手起家、艰苦奋斗的创业精神，不等不靠、依靠自己的自主精神，闯荡天下、四海为家的开拓精神，敢于创新、善于创新的创造精神。

### 2. 营商人员当代儒商实践理念培育路径选择

第一，唤醒"儒商意识"。国内"儒商热"走过了几十年的发展历程，它作为具有两千多年历史的传统儒商文化的延续，应当是一种成熟的文化形态。历史的事实证明，儒商一直是我国古代商人的典范。而现在，儒商实践理念也应成为企业家的自觉意识。唤醒营商人员的"儒商意识"，是时代的需要和历史潮流使然。

当然，要求每一个营商人员都成为儒商，是不必要也是不可能的。时代呼唤的是当代儒商实践理念成为中国特色的企业文化的主流，儒商意识成为营商人员的主体自觉意识。无论是民营企业家还是普通商人，都可以以当代儒商实践理念为培育人格目标和企业文化的价值指引。

第二，提升"儒商素质"。儒商之所以能够得到较普遍的认同和赞誉，在于他们具有与众不同的特质。儒商是具有高尚道德和社会责任感的商人，营商人员在营商活动中，要注重传承"仁爱""民生""民本"的传统、"经世济民"的商业理想和"以义取利"的盈利原则，形成强烈的爱国主义和民族实业精神，以及急公好义、扶贫济困、乐善好施的人道关怀，学习儒商自强不息、敬业爱岗、诚实守信、保证质量、注重人才、协同合作、严格管理的品质。同时营商人员还要具有高雅的生活情趣，注重自身修养，形成推动经商活动做大做强的人格力量。总之，"以德经商""以智经商""以儒经商"，就是商人提升儒商素质的重要路径。

第三，强化"儒商实践"。儒商文化的精髓是"知行合一"，"儒商意识"和"儒商素质"只有落脚到"儒商实践"，才能变为现实。学习的目的在于应用，践行当代儒商实践理念的关键在于，营商人员在经营管理的实践中，应当有意识地运用当代儒商实践理念解决实际问题。具体地说，例如，在面对利益的时候，首先应当辨明这是合义之利还是非义之利。合义之利则取，这就是"以义取利"；如果是非义之利，就应当断然舍弃。在遇到社会问题时，能够自觉遵守国家法律，服从中国共产党的领导，协助政府解决经济、就业、环保等社会问题，大力发展生产力，建设社会主义和谐社会。在处理人际关系的时候，应当以"和为贵""和气生财"，但是不丧失原则。在进行经济交易时，应当讲信用。在遇到竞争的时候，应当坚持道德原则。在利益分配时，首先应保证照章纳税，企业内部应当公平合理，互惠互利，共同富裕。要有"达则兼济天下""取之于民，用之于民"的观念，扶贫济弱，资助社会公益事业以回报社会。

## （三）商科大学生当代儒商实践理念培育

### 1. 商科大学生群体特点研究

由于专业教育差异，商科大学生相较于其他专业的大学生群体，具备了鲜明的群体特点。总的来说，可以概括为"向往财富""求新求活""严谨务实""敢闯敢试"四大群体特点。

第一，商科大学生具有向往财富的群体特点。随着改革开放的不断推进和市场经济制度的持续完善，正视并追求物质财富成为社会普遍现象，而商科在 20 世纪末开始，也已成为大学热门专业。商科大学生往往在入校前就对商科产生了浓厚兴趣，并希望通过学习商科专业知识获得致富能力，这种明确的学习目标一方面使得商科大学生具有较好的学风，另一方面也使得商科大学生形成了向往财富的群体特点。笔者所做调查显示，大约有 62% 的商科大学生做过兼职，其中超过一半的商科大学生做兼职的第一目标为获得金钱；85% 的商科大学生对毕业后的收入有明确规划；36% 的商科大学生将物质收入排在家庭和睦、工作轻松、爱情美满、社会认可等选项前，作为影响生活幸福的第一指标。这些数据均高于理工科、文科类等大学生群体。这表明，向往财富成为商科大学生的鲜明群体特点，然而与之不相匹配的是，国内高校普遍缺乏财富观教育，更缺乏与商科专业相匹配、将财富观与职业观相融合的职业价值观教育。这导致许多商科大学生简单地将职业规划、人生理想与获得物质财富挂钩，无法正确看待财富。

第二，商科大学生具有求新求活的群体特点。大部分商科大学生性格开朗、思维活跃，属于外向型性格。商科大学生对互联网的依赖度很高，乐于从网络上接受新信息、学习新东西。笔者所做调查显示，商科大学生使用微博、抖音等社交账号的比例分别为46%和31%，均高于理工科、文科类等大学生群体。商科大学生在日常学习、生活中也具有较强的求新、求变意识，喜欢追求新鲜感，不喜欢拘泥于陈规旧俗。商科大学生往往性格外向，具有较强的交际能力，而商科专业也需要商科大学生具有热情开放、能言善辩的特质，这让商科大学生相较于其他专业的大学生群体，更加注重"求活"的价值。总的来说，商科大学生头脑灵活，新奇想法多，乐于接受和尝试新事物，对于各类僵化制度、模式有着近乎本能的反感。

第三，商科大学生具有严谨务实的群体特点。商科专业课程大多与数字处理为伴，如会计学的做账、统计学的统计等，而数字处理要求商科学生严谨认真，不能出错。这种专业性的训练使得商科大学生具有严谨的特质。同时商科"在商言商"的价值取向又使得商科大学生注重维护个人利益，凡事追求实际。笔者所做调查显示，相较于其他学科大学生，商科大学生行为具有更强的目标性，更加追求行为所带来的回报，这表明商科大学生具有客观务实的特质。总的来说，商科大学生细致严谨，崇尚务实的工作作风，做事有条理、注重理性，具备严谨务实的群体特点。

第四，商科大学生具有敢闯敢试的群体特点。与"80后""90后"大学生不同，出生在千禧年后的大学生思想更加前卫，闯劲更足，也更富有开拓创新精神，商科大学生更是其中的佼佼者。根据中国人民大学等联合发布的《2017中国大学生创业报告》，大学生创业呈现低龄化趋势，很多大学生从本科之前就对创业产生兴趣，七成大学生在本科期间开始创业。其中管理类、经济学类等商科大学生对创业很有兴趣的比例接近20%，仅次于工学类专业，是理学类、文学类、法学类、艺术学类等其他专业的两倍以上。而笔者所做调查显示，50位大学生创业者中，有23位创业者有商科学科背景，另有5位选修了商科的第二专业。总的来说，商科大学生富有实践精神，敢于创业，具有敢闯敢试的群体特点，是儒商的重要后备群体。

**2. 商科大学生当代儒商实践理念培育路径选择**

第一，将当代儒商实践理念培育工作融入商科大学生中国梦和社会主义核心价值观教育实践。

当代儒商实践理念是从习近平新时代中国特色社会主义思想发展而来的，"仁义""诚信""创新""和合""规矩""担当"既是当代儒商实践理念的六大内容建构，也是其六大基本价值，根源于中国传统文化，而社会主义核心价值观，以及以国家富强、民族振兴、人民幸福为本质的中国梦是其重要理论源泉，赋予了六大基本理念崭新的内涵。其中"仁义"理念是当代儒商实践理念的核心价值，是逻辑起点，决定了当代儒商实践理念的马克思主义性质。"担当"理念是当代儒商实践理念的根本价值，是逻辑终点，要求儒商在实现个人财富追求的同时"义利兼顾"，承担更多的社会责任，其实质是要求广大儒商群体在实现个人梦的过程中，将个人梦融入中国梦。这表明，改革开放以来，当代儒商实践理念与中国梦和社会主义核心价值观有着共同的价值追求，当代儒商实践理念是中国梦和社会主义核心价值观的具体化、专业化表现，将商科大学生当代儒商实践理念培育工作融入中国梦和社会主义核心价值观教育实践中，既可以拓展中国梦和社会主义核心价值观的理论视野，也可以帮助商科大学生正确认识时代变化，定位自己的社会责任和使命。

将商科大学生当代儒商实践理念培育工作融入中国梦和社会主义核心价值观教育实践，首先，要建立统一领导和共管机制，由学校党委统一领导，商科学院党政具体负责，将儒商实践理念培育工作纳入高校教育实践工作；其次，在具体的工作方法上，商科学院可以在开展相关教育工作时，结合专业，突出重点，如对商科大学生进行社会主义核心价值观教育时，可以结合商科专业和涉商职业，有所侧重地对法治、诚信等价值观进行培育。

第二，将当代儒商实践理念培育工作融入商科大学生专业教育，注重专业教育、人文教育与价值观教育有机结合。

中共中央、国务院《关于进一步加强和改进大学生思想政治教育的意见》中强调，"要深入发掘各类课程的思想政治教育资源，在传授专业知识过程中加强思想政治教育，使学生在学习科学文化知识过程中，自觉加强思想道德修养，提高政治觉悟"。对商科大学生进行当代儒商实践理念教育，要在专业课授课过程中通过不同方式、方法，将商科专业教育与当代儒商实践理念教育有机融合，"解决好学生的环境适应与行为养成、专业学习与思维发展、职业定位与发展方向、社会责任与使命意识等问题"。① 同时，要深入挖掘课程资源，注重

---

① 单册：《"中国梦"融入大学生社会主义核心价值观教育研究》，《中共济南市委党校学报》2014 年第 4 期。

名师示范效应，在专业课授课过程中将传统儒商的人文教育和中华传统文化教育融入课堂中，通过专业教育塑造商科学生的人文情怀，通过塑造学生人文情怀培育学生正确的价值观，将专业教育、人文教育与价值观教育有机结合，相互渗透，以专业教育为引领，专兼职教师互相配合，在专业教学、学科科研、课程实践、日常生活中全方位开展商科大学生当代儒商实践理念培育工作，教育学生形成正确的财富观、义利观。

第三，将当代儒商实践理念培育工作融入商科大学生日常生活，在培育的具体方式上充分发挥新媒体作用，注重求新求活求实。

前文已经指出，商科大学生具有"向往财富""求新求活""严谨务实""敢闯敢试"四大群体特点。对商科大学生开展儒商实践理念培育工作，需要尊重商科大学生求新求活、严谨务实的群体特点，注重培育方法上的方式创新性、形式活泼性以及过程务实性，使当代儒商实践理念培育工作真正融入商科大学生日常生活。所谓方式创新性，就是要创新价值观培育方式，从尊重商科大学生主体性角度出发，更加注重学生的内心感受，设计多样化、差异性、体验式培育方案；所谓形式活泼性，就是要采用商科大学生喜闻乐见的培育形式，既要探索创新理论授课模式，也要充分利用新媒体，善于利用"互联网＋"开展各类学生活动，在学生活动中培育当代儒商实践理念；所谓过程务实性，就是要设计与商科大学生具体状况相符的当代儒商实践理念培育计划和详细的执行方案，而不是传播一些空洞的理论，培育方式应具有可实施性。

第四，将当代儒商实践理念培育工作融入商科大学生创业教育，在培育环节中注重理论与实践相结合，突出实践培育环节。

前文已经指出，新一代的商科大学生具有敢闯敢试的群体特点。《2017 中国大学生创业报告》指出，对创业很感兴趣的商科大学生比例在 20% 左右，还有超过 15% 的商科大学生对创业比较感兴趣。在商科大学生创业教育中融入当代儒商实践理念培育工作，有利于培养商科大学生形成正确的财富观、义利观、价值观，帮助商科大学生形成正确的商业范式和商业伦理，有助于他们更好地进行创业，也为儒商积蓄后备商业人才。而在具体的培育环节中，既要在创业教育中系统讲解当代儒商实践理念的理论内涵，也要突出实践培育环节，帮助商科大学生在商业实践中树立当代儒商实践理念。高校创业指导部门应当对创业指导教师进行系统培训，使创业指导教师在指导商科大学生创业过程中，有意识地开展当代儒商实践理念培育工作，引导商科大学生从内心认可并自觉树立当代儒商实践理念。

# 参考文献

## 一 专著

《1844 年经济学哲学手稿》，人民出版社，2000。

安小兰译注《荀子》，中华书局，2016。

程昌明译注《论语》，书海出版社，2001。

程光、梅生编著《儒商常家》，山西经济出版社，2004。

王丽岩译注《道德经》，中国文联出版社，2016。

方勇译注《墨子》，中华书局，2015。

高华平、王齐洲、张三夕译注《韩非子》，中华书局，2016。

习近平：《共建创新包容的开放型世界经济：在首届中国国际进口博览会开幕式上的主旨演讲》，人民出版社，2018。

胡伟希、柴毅龙卷主编《儒商读本·内圣卷》，云南人民出版社，1999。

习近平：《决胜全面建成小康社会　夺取新时代中国特色社会主义伟大胜利——在中国共产党第十九次全国代表大会上的报告》，人民出版社，2017。

孔令绍、李富春：《儒商之道——创业者的初心和使命》，文化艺术出版社，2020。

《老子》，中华书局，2018。

厉以宁等：《读懂"一带一路"》，中信出版社，2015。

贾建国、连丽如编著《儒商同仁堂》，东方出版社，2018。

《马克思恩格斯文集》（第二卷），人民出版社，2009。

《马克思恩格斯文集》（第九卷），人民出版社，2009。

《马克思恩格斯文集》（第三卷），人民出版社，2009。

《马克思恩格斯文集》（第十卷），人民出版社，2009。

马天祥译注《格言联璧》，中华书局，2020。

桑良至编著《徽州儒商》，安徽师范大学出版社，2017。

文天译注《史记》，中华书局，2016。

宋长琨、沈忠秀：《儒商商道概论》，武汉大学出版社，2013。

（宋）朱熹撰《四书章句集注》，中华书局，2016。

《习近平谈治国理政》（第二卷），外文出版社，2017。

《习近平谈治国理政》（第三卷），外文出版社，2020。

习近平：《在纪念马克思诞辰200周年大会上的讲话》，人民出版社，2018。

习近平：《在企业家座谈会上的讲话》，人民出版社，2020。

习近平：《在中国科学院第十九次院士大会、中国工程院第十四次院士大会上的讲话》，人民出版社，2018

弘丰译注《孟子》，中国文联出版社，2016。

张桂平、林锋、王作言：《21世纪儒商文化》，光明日报出版社，2016。

张兴龙：《张瑞敏的儒商智慧》，浙江大学出版社，2011。

朱傑人、严佐之、刘永翔主编《朱子全书外编》，华东师范大学出版社，2010。

## 二　期刊论文

白宗让：《儒商研究的"曲通"范式——基于"道术"关系的考察》，《商业研究》2017年第10期。

曹绿：《新时代新型经济全球化的理论阐释与思想逻辑——习近平经济全球化系列论述研究》，《云南大学学报》（社会科学版）2021年第1期。

董恩林：《简论中国传统"儒商"精神的思想内涵》，《社会科学家》2016 年第 11 期。

董建霞：《历史文化视角下儒商传统的形成与发展历程析论——以济南为中心的考察》，《中共济南市委党校学报》2020 年第 5 期。

黄鹰：《儒商精神及当代价值》，《贵州商学院学报》2016 年第 3 期。

戢斗勇：《儒商文化的时代要求》，《孔子研究》2009 年第 3 期。

黎红雷：《当代儒商的启示》，《孔子研究》2016 年第 2 期。

李珺：《习近平人类命运共同体思想研究》，硕士学位论文，辽宁大学，2017。

李怡静：《中国传统儒商精神与现代企业家精神比较研究》，《常州大学学报》（社会科学版）2016 年第 1 期。

刘立华、徐硕：《习近平主席"一带一路"话语创新实践案例研究》，《北京第二外国语学院学报》2016 年第 3 期。

刘树升：《弘扬新时代儒商精神，构建亲清新型政商关系——"儒家文化与新时代儒商精神"学术研讨会综述》，《山东省社会主义学院学报》2020 年第 1 期。

刘霞：《传统儒商特点质疑》，《湖湘论坛》2002 年第 3 期。

罗能生：《儒商价值观探析》，《河南商业高等专科学校学报》2001 年第 1 期。

马敏：《近代儒商传统及其当代意义——以张謇和经元善为中心的考察》，《华中师范大学学报》（人文社会科学版）2018 年第 2 期。

马莹莹：《刍议儒商发展及其核心价值观》，《湘潮》2014 年第 5 期。

田墨忠：《从华商到儒商——企业家人格品质简析》，《中国质量》2016 年第 5 期。

王淑娟、王力：《〈共产党宣言〉中的两种世界秩序图景与人类命运共同体》，《中共福建省委党校（福建行政学院）学报》2021 年第 1 期。

徐艳玲、李聪：《"人类命运共同体"价值意蕴的三重维度》，《科学社会主义》2016 年第 3 期。

杨卫敏：《从浙商与鲁商之比较看新时代儒商文化之重塑》，《山东省社会主义学院学报》2020 年第 5 期。

余佳：《传统"儒商"与中国的新商业精神》，《社会治理》2016 年第 6 期。

曾丹、向婉莹：《张謇和涩泽荣一的儒商思想比较——基于中日近代资本主义发展观的视角》，《学习与探索》

2018 年第 11 期。

张继龙：《国内学界关于人类命运共同体思想研究述评》，《社会主义研究》2016 年第 6 期。

张永刚：《论人类命运共同体的价值维度》，《中共珠海市委党校珠海市行政学院学报》2017 年第 3 期。

赵柳、李爱芳：《马克思社会共同体思想的当代意义》，《决策探索》2021 年第 4 期。

赵乾宇、彭攀：《"一带一路"建设视阈下儒商伦理的建构》，《华北水利水电大学学报》（社会科学版）2018 年第 4 期。

## 三　其他

《刘家义：弘扬大儒商道　携手共创未来——在"儒商大会 2018"开幕式上的主旨演讲（2018 年 9 月 29 日）》，中国共产党新闻网，2018 年 10 月 1 日，http://cpc. people. com. cn/n1/2018/1001/c64102 – 30324357. html。

《深刻理解把握世界百年未有之大变局　推动构建人类命运共同体》，《中国经济导报》2021 年 2 月 10 日，第 1 版。

《习近平新时代中国特色社会主义思想的价值结构体系探析》，人民网，2018 年 6 月 12 日，http://theory. people.

com. cn/n1/2018/0612/c40531 – 30053239. html。

《习近平致全国个体劳动者第五次代表大会的贺信》，"央广网"百家号，2018 年 1 月 22 日，https：//baijiahao. baidu. com/s？ id = 1590282301188637977&wfr = spider&for = pc。

《中共中央国务院印发新时代公民道德建设实施纲要》，《人民日报》2019 年 10 月 28 日，第 1 版。

# 后 记

　　行文至此，我们已经对儒商产生的背景、发展的脉络、群体特点、在人类命运共同体构建中发挥的作用等有了大致的了解，对当代儒商实践理念也有了更为清晰的认知。儒商群体在习近平新时代中国特色社会主义思想指导下，在社会主义核心价值观的基础上，形成了具有中国智慧、时代特色和世界格局的实践理念。本书正是以马克思关于"精神"的观点立论，抓住了当代儒商实践理念马克思主义性质这一核心观点，继而对当代儒商实践理念有了整体和系统的研究。

　　改革开放以来，中国需要大量以当代儒商实践理念为价值引领的商业人才，以弘扬大儒商道，携手共创未来。本书从新思想、新理念的丰富内涵研究出发，从价值导向的高度总体把握当代儒商实践理念形成的背景、内涵及特色、内在价值层次及内在价值逻辑、培育和实践的具体方式，在微观上解构当代儒商实践理念价值内涵，探索儒商具体商业行为伦理和商业范式，为儒商研究和培育提供了借鉴。

在写作过程中，薛诚、宁利红、王雨昕、冯宁、孙照、杨宁、杨洪敏、孙楚、李靖、敬树勇等提供了很大帮助，在此表示感谢。本书借鉴和引用了其他学者的宝贵研究成果，获得了相关专家学者的热心帮助和精心指导，在此一并表示感谢！在出版过程中，本书得到了社会科学文献出版社的大力支持，在此表示衷心的感谢。受自身水平限制，加之儒商商业实践与时俱进、推陈出新，当代儒商实践理念的探讨和研究永远不会结束，书中难免存在疏漏和偏颇之处，恳请各位读者批评指正！

董兰国

2021 年 3 月于青岛

图书在版编目（CIP）数据

改革开放以来儒商实践理念研究／董兰国，云乐鑫
著 . --北京：社会科学文献出版社，2023.1
ISBN 978 - 7 - 5228 - 0829 - 1

Ⅰ.①改… Ⅱ.①董… ②云… Ⅲ.①儒学 - 商业文
化 - 研究 - 中国 Ⅳ.①F729

中国版本图书馆 CIP 数据核字（2022）第 183189 号

改革开放以来儒商实践理念研究

著　　者／董兰国　云乐鑫

出 版 人／王利民
组稿编辑／宋月华
责任编辑／胡百涛
文稿编辑／王　倩
责任印制／王京美

出　　　版／社会科学文献出版社·人文分社（010）59367215
　　　　　　地址：北京市北三环中路甲 29 号院华龙大厦　邮编：100029
　　　　　　网址：www.ssap.com.cn
发　　　行／社会科学文献出版社（010）59367028
印　　　装／三河市东方印刷有限公司

规　　　格／开 本：889mm × 1194mm　1/32
　　　　　　印 张：6.625　字 数：120 千字
版　　　次／2023 年 1 月第 1 版　2023 年 1 月第 1 次印刷
书　　　号／ISBN 978 - 7 - 5228 - 0829 - 1
定　　　价／148.00 元

读者服务电话：4008918866